Hilke
Bilanzieren nach Handels- und
Steuerrecht, Teil 1

Praxis der Unternehmensführung

Professor Dr. Wolfgang Hilke

Bilanzieren nach Handels- und Steuerrecht, Teil 1

Aufbau des Bilanzrechts

Bestandteile des Jahresabschlusses

Allgemeine Bilanzierungs- und Bewertungsprinzipien

Maßgeblichkeit der Handelsbilanz für die Steuerbilanz

Folgen der Verletzung von Rechnungslegungspflichten

SPRINGER FACHMEDIEN WIESBADEN GMBH

Die Deutsche Bibliothek – CIP-Einheitsaufnahme

Hilke, Wolfgang:
Bilanzieren nach Handels- und Steuerrecht/Wolfgang Hilke. –
Wiesbaden: Gabler.
(Praxis der Unternehmensführung)

Teil 1. Aufbau des Bilanzrechts, Bestandteile des
Jahresabschlusses, allgemeine Bilanzierungs- und
die Steuerbilanz, Folgen der Verletzung von
Rechnungslegungsplfichten. – 1991

© Springer Fachmedien Wiesbaden 1991
Ursprünglich erschienen bei Betriebswirtschaftlicher Verlag Dr. Th. Gabler GmbH,
Wiesbaden 1991.
Redaktion: Ursula Pott

Das Werk einschließlich aller seiner Teile ist urheberrechtlich geschützt. Jede Verwertung außerhalb der engen Grenzen des Urheberrechtsgesetzes ist ohne Zustimmung des Verlags unzulässig und strafbar. Das gilt insbesondere für Vervielfältigungen, Übersetzungen, Mikroverfilmungen und die Einspeicherung und Verarbeitung in elektronischen Systemen.

Dieses Buch ist auf säurefreiem und chlorarm gebleichtem Papier gedruckt.
Umschlaggestaltung: Susanne Ahlheim AGD, Weinheim
Satz: SATZPUNKT Ursula Ewert, Braunschweig

ISBN 978-3-409-13980-9   ISBN 978-3-663-05930-1 (eBook)
DOI 10.1007/978-3-663-05930-1

Inhalt

1 **Einführung in das Bilanzrecht** 1
  1.1 Gründe für die Reform des
      deutschen Bilanzrechts 1
  1.2 Zum Aufbau des neuen Bilanzrechts
      im 3. Buch des HGB 3
  1.3 Grundbegriffe und Grundtatbestände 5
  1.4 Begriff und Ziele der Bilanzpolitik 10

2 **Die Bestandteile des „Jahresabschlusses"** 14
  2.1 Überblick 14
  2.2 Größenklassen-abhängige Rechnungslegungspflichten für Kapitalgesellschaften 16
  2.3 Allgemeine Gliederungsvorschriften
      (§§ 265 ff. HGB) 22
      2.3.1 Gliederungsvorschriften
            für die Beständebilanz 22
      2.3.2 Gliederungsvorschriften
            für die Erfolgsbilanz (G+V-Rechnung) 30
  2.4 Der Anhang (§§ 284 ff. HGB) 34
  2.5 Zum Lagebericht (§ 289 HGB) 39

3 **Allgemeine Bilanzierungs- und Bewertungsprinzipien** 43
  3.1 Allgemeine Vorschriften (§§ 238 ff. HGB)
      und „Grundsätze ordnungsmäßiger
      Buchführung" (GoB) 43
      3.1.1 Zur Bedeutung der „Grundsätze
            ordnungsmäßiger Buchführung" (GoB) 44
      3.1.2 Bestimmungen im Handelsrecht 47
      3.1.3 Bestimmungen im Steuerrecht 54
  3.2 Ansatzvorschriften (§§ 246 ff. HGB) 55

V

	3.2.1	Grundsatz der Bilanzwahrheit in bezug auf die „Vollständigkeit" (§ 246 Abs. 1 HGB)	55
	3.2.2	Das „Brutto-Prinzip" (Verrechnungsverbot; § 246 Abs. 2 HGB)	57
	3.2.3	Inhalt der Beständebilanz (§ 247 HGB)	58
	3.2.4	Bilanzierungsverbote (§ 248 HGB)	59
	3.2.5	Pflichten und Wahlrechte zur Bildung von Rückstellungen (§ 249 HGB)	61
	3.2.6	Rechnungsabgrenzungsposten (§ 250 HGB)	66
	3.2.7	Haftungsverhältnisse (§ 251 HGB)	67
3.3		Bilanzierung als Bewertungsproblem	68
3.4		Allgemeine Bewertungsgrundsätze (§§ 252 ff. HGB)	70
	3.4.1	Grundsatz der Bilanzidentität	70
	3.4.2	Going-concern-Prinzip	71
	3.4.3	Stichtagsprinzip	72
	3.4.4	Grundsatz der Einzelbewertung	75
	3.4.5	Vorsichtsprinzip und „Wert-Aufhellungstheorie"	76
	3.4.6	Abgrenzungsprinzip	83
	3.4.7	Grundsatz der Bewertungsmethoden-Stetigkeit	83
	3.4.8	Anschaffungs- oder Herstellungskosten als Wertobergrenze	89
3.5		Zur Maßgeblichkeit der Handelsbilanz für die Steuerbilanz	91

4 Folgen der Verletzung von Rechnungslegungspflichten (§§ 331 ff. HGB) 94
4.1 Verstöße gegen Rechnungslegungspflichten 94
4.2 Strafvorschriften des StGB und des HGB 97
4.3 Bußgeldvorschriften des HGB 102
4.4 Folgen der Verletzung von Buchführungspflichten im Steuerrecht 105

Wichtige Sonder-Regelungen des DMBilG 107

Abkürzungen 112

Literaturverzeichnis 113

Wichtige Anschriften 125

Wiederkehrende Veranstaltungen 127

Stichwortverzeichnis 129

1 Einführung in das Bilanzrecht

1.1 Gründe für die Reform des deutschen Bilanzrechts

Der Grund für die Reform des deutschen Bilanzrechts lag in der Verpflichtung des nationalen Gesetzgebers, verschiedene Richtlinien der Europäischen Gemeinschaft in deutsches Recht umzusetzen. Im einzelnen handelt es sich dabei um

- die 4. EG-Richtlinie v. 25.7.1978,
- die 7. EG-Richtlinie v. 13.6.1983 und
- die 8. EG-Richtlinie v. 10.4.1984.

Gegenstand der 4. EG-Richtlinie ist die Harmonisierung der europäischen Rechnungslegungsvorschriften für den Einzelabschluß der Kapitalgesellschaften (GmbH, AG, KGaA).

Die 7. EG-Richtlinie hat das Ziel, die nationalen Vorschriften über die Rechnungslegung der Konzerne, bei denen Kapitalgesellschaften als Obergesellschaft fungieren, zu harmonisieren.

Durch die 8. EG-Richtlinie sollen die Zulassungsvoraussetzungen für die prüfungsberechtigten Personen in der EG vereinheitlicht werden; sie tangiert damit die eigentliche Rechnungslegung nicht.

Die gravierendsten Rechtsänderungen für deutsche Unternehmen ergeben sich aus der 4. EG-Richtlinie. Die Transformation in deutsches Recht hätte eigentlich bis 1980 erfolgen sollen, geschah tatsächlich aber erst 1985, also mit einer mehrjährigen Verspätung, weil die Beratungen sich so lange hinzogen. Allerdings hatte die Verzögerung auch einen Vorteil: Gleichzeitig mit der 4. EG-Richtlinie konnte auch die 7. (und 8.) EG-Richtlinie in deutsches Recht umgesetzt werden. Somit brauchten Unternehmen, die von beiden Richtlinien betroffen waren, ihr Rechnungswesen nur einmal umzustellen.

Ferner hat der deutsche Gesetzgeber bei der Reform des Bilanzrechts – über die EG-Verpflichtung hinausgehend – nicht nur die Rechnungslegungsvorschriften für Kapitalgesellschaften geändert. Vielmehr wurde zugleich auch die Rechnungslegung für Nicht-Kapitalgesellschaften (Einzelunternehmung, Personengesellschaften) in dem Maße kodifiziert, wie sie bereits bislang als „Grundsätze ordnungsmäßiger Buchführung" ungeschriebenes Recht darstellte (vgl. Göllert/Ringling, S. 5). Auf diese Weise sollte eine zu weite Auseinanderentwicklung der Bilanzierungsvorschriften für Kapitalgesellschaften und Nicht-Kapitalgesellschaften verhindert werden.

■ Bilanzrichtlinien-Gesetz

Das Ergebnis der Transformation von 4., 7. und 8. EG-Richtlinie in deutsches Recht ist das „Bilanzrichtlinien-Gesetz vom 19.12.1985" (BiRiLiG), das als sog. „Artikelgesetz" formuliert wurde und am 1. Januar 1986 in Kraft getreten ist (vgl. Artikel 13 BiRiLiG).

Dabei ist zu beachten, daß zwar die Vorschriften der 8. EG-Richtlinie (Bilanzprüfer-Richtlinie) von diesem Termin (1.1.1986) an zwingendes Recht darstellten, jedoch die Vorschriften der 4. EG-Richtlinie für den Einzelabschluß erstmalig auf dasjenige Geschäftsjahr zwingend anzuwenden waren, das mit oder nach dem 1.1.1987 begann, und die Vorschriften der 7. EG-Richtlinie für den Konzernabschluß sogar erst von demjenigen Geschäftsjahr an zwingend werden, das am oder nach dem 1.1.1990 beginnt.

Insgesamt erfuhren 39 Gesetze z.T. erhebliche Veränderungen durch das BiRiLiG, allen voran das HGB, aber auch das AktG, GmbHG, GenG, PublG, KWG, VAG, die Wirtschaftsprüferordnung und das EStG (insbes. in § 6 und § 7 EStG).

1.2 Zum Aufbau des neuen Bilanzrechts im 3. Buch des HGB

Wie bereits erwähnt, führte das BiRiLiG vor allem zu umfangreichen Änderungen des HGB, die ihren äußeren Ausdruck darin fanden, daß ein neues 3. Buch – die §§ 238 bis 339 umfassend – in das HGB eingefügt wurde. Dieses neue 3. Buch des HGB regelt ausschließlich Fragen der Rechnungslegung und wird damit zum Kerngesetz des neuen Bilanzrechts. Dementsprechend finden sich außerhalb dieses 3. Buches des HGB nur noch einige wenige Rechnungslegungs-Vorschriften in Spezialgesetzen (wie AktG, GmbHG, GenG), welche Sonderprobleme der Rechnungslegung für die jeweiligen Rechtsformen betreffen.

Das 3. Buch des HGB ist grob in drei Abschnitte gegliedert:

Der 1. Abschnitt (§§ 238–263 HGB) enthält diejenigen Vorschriften, die für alle Kaufleute – also rechtsformunabhängig – gelten.

Der 2. Abschnitt (§§ 264–335 HGB) beinhaltet die – häufig strengeren – ergänzenden Vorschriften für Kapitalgesellschaften und stellt somit die eigentliche Transformation der 4. und 7. EG-Richtlinie in deutsches Recht dar.

Den 3. Abschnitt (§§ 336–339 HGB) bilden schließlich einige ergänzende Vorschriften zur Rechnungslegung von eingetragenen Genossenschaften.

Um neben dem geschilderten Grob-Aufbau des 3. Buches des HGB auch die einzelnen Bereiche der Rechnungslegung, die in den drei genannten Abschnitten jeweils geregelt werden, besser und schneller zu erkennen, sei für die ersten beiden Abschnitte eine detaillierte Untergliederung angegeben, so daß sich folgendes Bild ergibt:

1. Abschnitt: Vorschriften für alle Kaufleute (§§ 238–263 HGB)

- Buchführung und Inventar (§§ 238–241 HGB)
- Eröffnungsbilanz / Jahresabschluß (§§ 242–256 HGB)
  - Allgemeine Vorschriften
  - Ansatzvorschriften (Aktivierungs- und Passivierungsvorschriften)
  - Bewertungsvorschriften
- Aufbewahrungs- und Vorlagepflichten (§§ 257–261 HGB)
- Anwendung auf Sollkaufleute und Vorbehalt landesrechtlicher Vorschriften (§§ 262–263 HGB).

2. Abschnitt: Ergänzende Vorschriften für Kapitalgesellschaften (§§ 264–335 HGB)

- Jahresabschluß der Kapitalgesellschaft und Lagebericht (§§ 264–289 HGB)
  - Aufstellungspflichten und Gliederungsgrundsätze
  - Bilanzgliederungs- und -ansatzvorschriften
  - Vorschriften zur Gewinn- und Verlustrechnung
  - Bewertungsvorschriften
  - Vorschriften zum Anhang
  - Vorschriften zum Lagebericht
- Konzernrechnungslegungsvorschriften (§§ 290–315 HGB)
- Prüfungsvorschriften (§§ 316–324 HGB)
- Vorschriften über die Offenlegung (§§ 325–329 HGB)
- Rechtsverordnungsermächtigung für Formblätter (§ 330 HGB)
- Straf-, Bußgeld- und Zwangsgeldvorschriften (§§ 331–335)

3. Abschnitt: Ergänzende Vorschriften für eingetragene Genossenschaften (§§ 336–339 HGB)

Bevor nun auf die wichtigsten Rechnungslegungs-Vorschriften im einzelnen eingegangen werden kann, sind zunächst einmal verschiedene Grundbegriffe zu klären und einige Grundtatbestände darzustellen.

1.3 Grundbegriffe und Grundtatbestände

Gegenstand der „Bilanzierung" ist allgemein die Erstellung einer „Bilanz". Das Wort „Bilanz" läßt sich herleiten aus dem lateinischen „bis lanx" und bedeutet soviel wie eine „sich im Gleichgewicht befindliche zweischalige Waage". In einer Bilanz werden somit zwei Wertegruppen gleicher Gesamthöhe einander gegenübergestellt.

Nach dem Inhalt dieser beiden Wertegruppen wird üblicherweise zwischen der sog. „Beständebilanz" und der „Erfolgsbilanz" (Gewinn- und Verlustrechnung) unterschieden.

■ „Beständebilanz"

In der sog. „Beständebilanz" werden die Bestände von Vermögen einerseits und Kapital andererseits an einem bestimmten Stichtag in Kontoform einander gegenübergestellt (vgl. § 247 Abs. 1 HGB).

Die sog. „Aktivseite" zeigt das Vermögen der Unternehmung. Das Vermögen wird üblicherweise unterteilt in das „Anlagevermögen" und in das „Umlaufvermögen". Dabei gehören zum „Anlagevermögen" solche Gegenstände, die am Bilanzstichtag dazu bestimmt sind, dem Betrieb auf Dauer (Rechtsprechung: länger als 1 Jahr) zu dienen (vgl. § 247 Abs. 2 HGB). Folglich zählen alle anderen Vermögensteile zum „Umlaufvermögen".

Die sog. „Passivseite" der Beständebilanz zeigt die Herkunft des in der Unternehmung investierten Kapitals. Üblicherweise unterscheidet man hier nach der Rechtsstellung des Kapitalgebers zwischen „Eigenkapital" und „Fremdkapital" (= Schulden).

Somit zeigen die beiden Seiten der „Beständebilanz" die Mittel-Herkunft und die Mittel-Verwendung.

Der obigen Kennzeichnung einer „Bilanz" entsprechend müssen die Aktivseite und die Passivseite dieselbe Summe aufweisen. Dies folgt zwingend schon daraus, daß auf der Aktivseite nicht mehr Mittel im Vermögen gebunden sein können, als insgesamt in Form von Eigen- bzw. Fremdkapital, welches auf der Passivseite ausgewiesen wird, beschafft worden sind. Ein und derselbe Tatbestand wird somit auf der Aktivseite einmal konkret güterwirtschaftlich und zum anderen auf der Passivseite abstrakt kapitalmäßig dargestellt.

Anstelle des Begriffes „Beständebilanz" wird häufig auch die Bezeichnung „Bilanz im engeren Sinne" verwendet. Damit wird bereits angedeutet, daß diese Beständebilanz nur eine Bilanzart darstellt.

Die „Bilanz im weiteren Sinne" umfaßt deshalb neben der Beständebilanz auch noch die sog. „Erfolgsbilanz" bzw., wie sie auch genannt wird, die „Gewinn- und Verlustrechnung". Im § 242 Abs. 3 HGB wird anstelle der Bezeichnung „Bilanz im weiteren Sinne" vom sog. „Jahresabschluß" gesprochen. Dabei ist zu beachten: Der „Jahresabschluß" umfaßt immer zumindest die Beständebilanz und die Gewinn- und Verlustrechnung; bei Kapitalgesellschaften jedoch gehört zusätzlich als dritter Bestandteil auch noch der sog. „Anhang" zum „Jahresabschluß" (vgl. § 264 Abs. 1 S. 1 HGB).

■ „Erfolgsbilanz" – „Gewinn- und Verlustrechnung"

Die „Erfolgsbilanz" bzw. „Gewinn- und Verlustrechnung" ist (wie die Beständebilanz) von allen Kaufleuten zu erstellen (vgl. § 242 Abs. 2 HGB). Denn erst die Gewinn- und Verlustrechnung ermöglicht einen detaillierten Einblick in die Erfolgslage. Aus dem System der doppelten Buchführung folgt, daß Beständebilanz und Gewinn- und Verlustrechnung unabhängig voneinander den(selben) Gewinn oder Verlust zeigen.

Dieser Gewinn oder Verlust ergibt sich durch die Gegenüberstellung von „Aufwendungen" und „Erträgen" eines Zeitraumes. Im Gegensatz zur stichtags–bezogenen Beständebilanz ist die Erfolgsbilanz also eine Zeitraumrechnung. Sie zeigt insbesondere, aus welchen Quellen der Gewinn bzw. der Verlust stammt.

Die Gewinn- und Verlustrechnung kann entweder in Kontoform oder in der sog. Staffelform aufgemacht werden; nach § 275 Abs. 1 S. 1 HGB ist für Kapitalgesellschaften (also GmbH, AG, KGaA) die Staffelform vorgeschrieben.

■ Anhang

Wie bereits erwähnt, müssen Kapitalgesellschaften neben ihrer Beständebilanz und ihrer Erfolgsbilanz noch einen Anhang erstellen (vgl. § 264 Abs. 1 S. 1 HGB). Nach §§ 284 ff. HGB dient der Anhang folgenden Aufgaben (vgl. dazu ausführlicher Abschnitt 2.4):

(1) Im Anhang sind die Bestände- und Erfolgsbilanz zu erläutern (vgl. § 284 HGB). In diesem „Erläuterungsbericht" sind insbesondere wesentliche Änderungen der Bewertungs- und Abschreibungs-Methoden einschließlich der Vornahme außerplanmäßiger Abschreibungen oder Wertberichtigungen zu erörtern.

(2) Der Anhang muß ferner eine Vielzahl von „sonstigen Pflichtangaben" enthalten (vgl. § 285 HGB), auf die an anderer Stelle (siehe Abschnitt 2.4) näher eingegangen wird.

Bei der Berichterstattung sind sog. Schutzklauseln zu beachten: Die Berichterstattung hat zum einen dann zu unterbleiben, wenn es für das Wohl der Bundesrepublik Deutschland oder eines ihrer Länder erforderlich ist (vgl. § 286 Abs. 1 HGB). Bei der Berichterstattung brauchen ferner bestimmte Einzelheiten insoweit nicht angegeben zu werden, als nach vernünftiger kaufmännischer Beurteilung damit gerechnet werden muß, daß durch diese Angaben der Gesellschaft oder einem verbundenen Unternehmen erhebliche Nachteile entstehen (vgl. § 286 Abs. 2 und 3 HGB).

(3) Schließlich enthält der Anhang im Gegensatz zur Bestände- und Erfolgsbilanz häufig einige Mengen-Angaben. So finden sich im Anhang zumindest Angaben über die Beschäftigtenzahl (vgl. § 285 Nr. 7 HGB), häufig aber auch Ausführungen über das Produktionsprogramm nach Art und Menge, Angaben über den mengenmäßigen Einsatz von verschiedenen Produktionsfaktoren (z. B. Mineralöleinsatz in Jahrestonnen) und über die Ausbringung in Mengeneinheiten.

■ **Lagebericht**

Last not least müssen Kapitalgesellschaften neben dem um einen Anhang erweiterten Jahresabschluß auch noch einen sog. „Lagebericht" erstellen (§ 264 Abs. 1 S. 1 HGB). In diesem Lagebericht sind nach § 289 HGB nicht nur der Geschäftsverlauf und die Lage der Kapitalgesellschaft darzustellen; vielmehr ist auch einzugehen auf Vorgänge von besonderer Bedeutung, die nach dem Schluß des Geschäftsjahres eingetreten sind, auf die voraussichtliche Entwicklung der Kapitalgesellschaft und auf ihre Aktivitäten im Bereich „Forschung und Entwicklung". Zu näheren Einzelheiten der Berichterstattung im Lagebericht sei auf Abschnitt 2.5 verwiesen.

Zum Abschluß unserer Ausführungen über Grundbegriffe und Grundtatbestände ist noch auf folgenden Sachverhalt hinzuweisen: Bisher konnte noch allgemein von „Bilanz i. e. S." (= Beständebilanz) oder von „Bilanz i. w. S." (= Beständebilanz plus Erfolgsbilanz) bzw. „Jahresabschluß" gesprochen werden. Für alle weiteren Ausführungen in diesem Buch wird es jedoch erforderlich, diese Bilanzarten danach zu unterscheiden, welche Rechtsnormen ihnen zugrundeliegen.

■ Handelsbilanz und Steuerbilanz

So ist von einer Handelsbilanz i. w. S. zu sprechen, wenn die Beständebilanz und die Erfolgsbilanz aufgrund handelsrechtlicher Vorschriften erstellt werden; analog dazu liegt eine Steuerbilanz i. w. S. (auch „Ertragsteuerbilanz" genannt) vor, wenn Bestände- und Erfolgsbilanz unter Beachtung einkommen- oder körperschaftsteuerrechtlicher Bestimmungen aufgestellt werden.

Handels- und Steuerbilanz sind auf besondere Weise miteinander verknüpft: Nach geltendem Recht gibt es keine selbständige Steuerbilanz. „Der Unternehmer ist daher auch nicht verpflichtet, eine gesonderte Steuerbilanz aufzustellen; vielmehr genügt es, wenn er dem Finanzamt seine Handelsbilanz einreicht, die unter Beachtung der steuerrechtlichen Vorschriften korrigiert worden ist" (Wöhe, Bilanzierung, S. 204).

Dies bedeutet nichts anderes, als daß zunächst eine (eigenständige) Handelsbilanz zu erstellen ist, aus welcher dann die Steuerbilanz unter Berücksichtigung steuerrechtlich notwendiger Korrekturen „abgeleitet" wird; deshalb kann von einer „derivativen" Steuerbilanz gesprochen werden (vgl. Hilke/Mähling/Ringwald/Zinke, S. 75). Bei dieser Ableitung der Steuerbilanz aus der Handelsbilanz ist das sog. „Prinzip der Maßgeblichkeit der Handelsbilanz für die Steuerbilanz" zu beachten. Was dieses Prinzip dem Grundsatz nach materiell für die Bilanzierung und die Bilanzpolitik bedeutet, warum dieses

Prinzip häufig „durchbrochen" wird und inwiefern es sogar zu einer „Umkehrung" dieses Prinzipes kommen kann, wird an anderer Stelle noch ausführlicher zu behandeln sein (vgl. insbesondere Abschnitt 3.5).

1.4 Begriff und Ziele der Bilanzpolitik

Unter „Bilanzpolitik" sei im folgenden die gezielte Gestaltung der Bilanz i. w. S. – also der Beständebilanz und der Erfolgsbilanz (Gewinn- und Verlustrechnung) – im Rahmen der Bilanzierungs- und Bewertungsvorschriften verstanden; für Unternehmen, die zusätzlich einen Anhang und einen Lagebericht zu erstellen haben, umfaßt die Bilanzpolitik i. w. S. auch die Gestaltung dieser beiden Bestandteile ihrer Rechnungslegung.

Somit gehören zur Bilanzpolitik i. w. S. alle legalen Maßnahmen, die im Laufe des Wirtschaftsjahres und bei der Aufstellung des „Jahresabschlusses" sowie ggf. des Lageberichtes in der Absicht ergriffen werden, die Bilanz i. w. S., den Anhang und den Lagebericht in formaler (Gliederung/Formulierung) und in materieller Hinsicht (Aktivierung, Passivierung, Bewertung) so zu gestalten, daß die Bilanzadressaten in ihrem Urteil und ihrem Verhalten in eine vom Bilanzierenden gewünschte Richtung beeinflußt werden. Hierin zeigt sich die Zweckorientierung jeglicher Bilanzpolitik; Art und Umfang der Bilanzpolitik hängen stets von den Zielsetzungen ab, welche der Bilanzierende verfolgt.

■ **Bilanzpolitische Maßnahmen in der Handelsbilanz**

Die Handelsbilanz kann beispielsweise so gestaltet werden, daß das Unternehmen als besonders kreditwürdig erscheint; zu diesem Zwecke können z. B. bestimmte Positionen in der

Bilanz (etwa die Höhe des Eigenkapitals) angehoben oder auf die Einhaltung bestimmter Bilanzrelationen (Verschuldungsgrad) bzw. die Höhe der Bilanzsumme geachtet werden. Oder der Bilanzierende bemüht sich, eine gesunde Wirtschaftslage (z. B. durch den Ausweis hoher Gewinne) zu demonstrieren, um somit die Plazierung junger Aktien zu erleichtern.

Umgekehrt kann auch eine „schlechte" Lage (z. B. durch die Bildung sog. „stiller Reserven") suggeriert werden, um hohe Gewinnausschüttungen oder das Anlocken von Konkurrenz zu vermeiden. Schließlich kann eine Bilanzpolitik auch im Hinblick auf die sog. öffentliche Meinung erfolgen, wenn der Jahresabschluß offengelegt werden muß; beispielsweise würden die Mineralölunternehmen oder die Deutsche Bundesbahn bzw. Bundespost in der Öffentlichkeit wohl kaum auf Verständnis für Preiserhöhungen stoßen, wenn aus ihren Bilanzen ersichtlich ist, daß diese Unternehmen ohnehin schon sehr hohe Gewinne erzielten.

■ **Bilanzpolitik in der Steuerbilanz**

Bezüglich der Steuerbilanz wird die Bilanzpolitik in der Regel in der Richtung betrieben, einen möglichst geringen Gewinn auszuweisen, um auf diese Weise insbesondere Ertragsteuern möglichst zu sparen bzw. zumindest doch die Steuerzahlung zeitlich auf spätere Jahre zu verschieben.

■ **Zielkonflikte der Bilanzpolitik**

Zu beachten ist, daß es bei der Bilanzpolitik häufig zu Zielkonflikten kommen kann. Diese resultieren zum einen aus der Verkettung der Handelsbilanz mit der Steuerbilanz aufgrund des „Maßgeblichkeitsprinzipes". So konkurriert z. B. das Ziel, in der Handelsbilanz aus den oben genannten Gründen einen hohen Gewinn auszuweisen, mit dem Ziel, durch einen möglichst niedrigen Gewinn in der Steuerbilanz die Ertragsteuerzahlung zu minimieren.

Zum anderen sind Zielkonflikte aber selbst dann möglich, wenn man nur die Handelsbilanz betrachtet. Beispielsweise sei an den Fall gedacht, in dem ein günstiges Verhältnis von Eigenkapital zu Fremdkapital nur durch Verzicht auf eine an sich zulässige niedrigere Bewertung von Gegenständen des Anlagevermögens oder des Umlaufvermögens erreicht werden kann; der dann ausgewiesene Gewinn ist entsprechend höher und steht dem evtl. Ziel einer Dividendenminimierung oder möglichst geringer Lohnerhöhungen entgegen.

Aus diesem Beispiel wird deutlich, daß bei der Bilanzpolitik häufig Kompromisse zwischen den einzelnen Zielen gefunden werden müssen. Art und Umfang der Kompromisse sind dabei aus der Zielsetzung der Finanzpolitik abzuleiten, die der Bilanzpolitik übergeordnet ist.

■ **Bilanzpolitik in Anhang und Lagebericht**

Entsprechendes gilt auch für den Anhang und den Lagebericht, deren Gestaltung wir mit zu den Aufgaben der Bilanzpolitik i. w. S. zählen.

Im Zusammenhang mit dem Anhang ist z. B. darüber zu entscheiden, in welchem Umfange und in welcher Form Erläuterungen zu bestimmten Positionen der Beständebilanz und der Erfolgsbilanz gegeben werden sollen.

Auch hängt es sicherlich entscheidend vom Bilanzierenden selbst ab, welche Vorgänge er als „von besonderer Bedeutung" auffaßt, über die er gem. § 289 Abs. 2 Nr. 1 HGB im Lagebericht zu berichten hätte. Oder auch die Einschätzung des § 286 Abs. 3 Nr. 2 HGB, ob bestimmte Informationen „nach vernünftiger kaufmännischer Beurteilung geeignet sind, der Kapitalgesellschaft ... einen erheblichen Nachteil zuzufügen".

■ Begriff Bilanzpolitik

Aus den bisherigen Ausführungen ist zu entnehmen, daß wir Bilanzpolitik i. w. S. wie folgt auffassen: Bilanzpolitik ist die „Kunst des Möglichen", im Rahmen der gesetzlichen Vorschriften die Beständebilanz und die Erfolgsbilanz sowie ggf. den Anhang und den Lagebericht im Hinblick auf bestimmte unternehmenspolitische Ziele zu gestalten. Dabei wird der Spielraum für diese zielorientierte Gestaltung durch die beiden folgenden Anforderungen begrenzt, die unbedingt erfüllt werden müssen:

- Alle Wertansätze müssen sich im Rahmen der Bilanzierungs- und Bewertungsvorschriften bewegen und damit rechtlich zulässig sein;

- alle Wertansätze müssen von einem sachverständigen Dritten nachprüfbar sein.

Im folgenden wollen wir uns deshalb mit den wichtigsten allgemeinen Vorschriften befassen, die bei der Aufstellung des „Jahresabschlusses" (evtl. zuzüglich Lagebericht) i. w. S. zu beachten sind. Der „Bilanzpolitik" selbst ist Band 2 dieses zweiteiligen Werkes gewidmet, in dem alle wichtigen Maßnahmen dargestellt werden, die für die gezielte Gestaltung des Jahresabschlusses ergriffen werden können.

2 Die Bestandteile des „Jahresabschlusses"

2.1 Überblick

Wie in Abschnitt 1.3 bereits angedeutet, ist der Begriff „Jahresabschluß" im neuen 3. Buch des HGB mit zwei unterschiedlichen Inhalten belegt:

■ **Umfang des Jahresabschlusses für Nicht-Kapitalgesellschaften**

In § 242 Abs. 3 HGB heißt es: „Die (Bestände-)Bilanz und die Gewinn- und Verlustrechnung bilden den Jahresabschluß." Hiernach umfaßt der Jahresabschluß (nur) zwei Bestandteile. Dieser Umfang des Jahresabschlusses gilt jedoch nur für Nicht-Kapitalgesellschaften, also für Einzelunternehmen und Personengesellschaften (OHG, KG).

■ **Umfang des Jahresabschlusses für Kapitalgesellschaften**

Für Kapitalgesellschaften verlangt § 264 Abs. 1 HGB ausdrücklich, daß der Jahresabschluß (im Sinne des § 242 HGB) „um einen Anhang zu erweitern (ist), der mit der (Bestände-) Bilanz und Gewinn- und Verlustrechnung eine Einheit bildet...". Wenn im daran anschließenden Gesetzestext vom „Jahresabschluß" einer Kapitalgesellschaft gesprochen wird, ist deshalb immer ein solcherart erweiterter Jahresabschluß gemeint, der sich aus drei Bestandteilen zusammensetzt: der (Bestände-) Bilanz, der Gewinn- und Verlustrechnung und dem Anhang.

Hingegen gehört der Lagebericht zwar zu den gesetzlich vorgeschriebenen Instrumenten der externen Rechnungslegung einer Kapitalgesellschaft, jedoch nicht zum erweiterten Jahresabschluß. Dies geht aus der jeweils gesonderten Erwähnung in Gesetzesformulierungen wie „der Jahresabschluß und der Lagebericht" (vgl. beispielsweise § 264 Abs. 1 S. 2 und 3 HGB sowie § 316 HGB) eindeutig hervor.

Zur Verdeutlichung möge die folgende Abbildung 1 dienen:

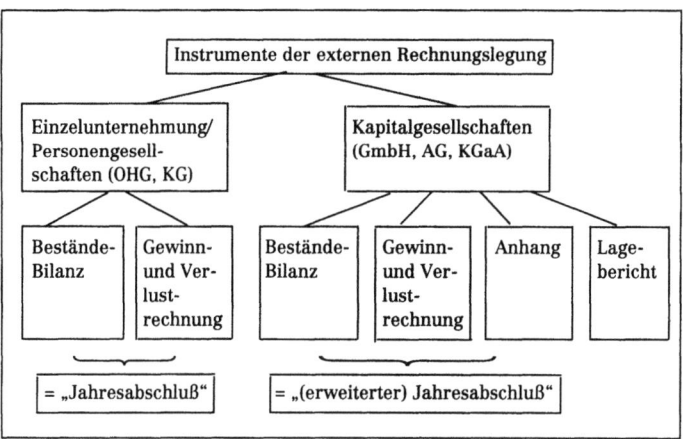

Abb. 1: Unterschiedlicher Umfang der Instrumente der externen Rechnungslegung von Nicht-Kapitalgesellschaften einerseits und Kapitalgesellschaften andererseits

Es wird im weiteren Verlauf des vorliegenden Buches daher zum einen wichtig, bei den Ausführungen über den „Jahresabschluß" danach zu unterscheiden, ob die Aussagen sich auf Unternehmen beziehen, die in der Rechtsform der Einzelunternehmung bzw. einer Personengesellschaft geführt werden und daher keinen Anhang (und keinen Lagebericht) erstellen müssen, oder aber auf Kapitalgesellschaften.

In diesem Zusammenhang ist bereits auch auf die sog. „Generalnorm" des § 264 Abs. 2 HGB hinzuweisen; danach hat der Jahresabschluß einer Kapitalgesellschaft „unter Beachtung der Grundsätze ordnungsmäßiger Buchführung ein den tatsächlichen Verhältnissen entsprechendes Bild der Vermögens-, Finanz- und Ertragslage der Kapitalgesellschaft zu vermitteln" (§ 264 Abs. 2 S. 1 HGB).

Darüber hinaus muß zum anderen innerhalb der Kapitalgesellschaften noch danach differenziert werden, in welche „Größenklasse" die jeweils betrachtete Kapitalgesellschaft gehört. Denn nach dem neuen HGB hängen Art und Umfang der Rechnungslegungspflichten einer Kapitalgesellschaft entscheidend davon ab, ob sie eine „kleine", eine „mittelgroße" oder eine „große" Kapitalgesellschaft im Sinne des Gesetzes ist. Hierauf sei im folgenden Abschnitt näher eingegangen.

2.2 Größenklassen-abhängige Rechnungslegungspflichten für Kapitalgesellschaften

Bezüglich der Rechnungslegungspflichten von Kapitalgesellschaften wird – im Gegensatz zur Zeit vor 1987 – nicht mehr nach der Rechtsform (GmbH, AG, KGaA) unterschieden, sondern nunmehr nach Größenklassen. Dabei sind drei Größenkriterien zu beachten, nämlich

– die Bilanzsumme,

– der Jahresumsatz und

– die Zahl der im Jahresdurchschnitt beschäftigten Arbeitnehmer (zur Berechnung der durchschnittlichen Zahl der Beschäftigten vgl. § 267 Abs. 5 HGB).

Welche Werte die einzelnen Größenkriterien nach § 267 HGB annehmen dürfen, damit eine bestimmte Kapitalgesellschaft als „klein", „mittelgroß" oder „groß" eingestuft wird, ist aus Abbildung 2 zu entnehmen.

Eine Kapitalgesellschaft wird grundsätzlich derjenigen Größenklasse zugerechnet, für die sie mindestens zwei der in Abbildung 2 genannten Merkmale an den Abschlußstichtagen von zwei aufeinanderfolgenden Geschäftsjahren erfüllt (vgl. § 267 Abs. 4 HGB).

Von diesem Grundsatz abweichend gilt eine Kapitalgesellschaft allerdings dann „stets als große, wenn Aktien oder andere von ihr ausgegebene Wertpapiere an einer Börse in einem Mitgliedstaat der Europäischen Wirtschaftsgemeinschaft zum amtlichen Handel zugelassen oder in den geregelten Freiverkehr einbezogen sind oder die Zulassung zum amtlichen Handel beantragt ist" (§ 267 Abs. 3 S. 2 HGB).

Kriterien	Einzelabschluß		
	Kleine Kapitalgesellschaft	Mittelgroße Kapitalgesellschaft	Große Kapitalgesellschaft
Bilanzsumme	bis 3,9 Mio DM	über 3,9 Mio DM, höchstens 15,5 Mio DM	über 15,5 Mio DM
Jahresumsatz	bis 8,0 Mio DM	über 8,0 Mio DM, höchstens 32,0 Mio DM	über 32,0 Mio DM
Anzahl der im Jahresdurchschnitt Beschäftigten	bis 50 Beschäftigte	über 50, höchstens 250 Beschäftigte	über 250 Beschäftigte

Abb. 2: Einteilung der Kapitalgesellschaften nach Größenklassen

Für Kapitalgesellschaften in den neuen Bundesländern sei ergänzend darauf hingewiesen: Bei der Erstellung der DM-Eröffnungsbilanz und des zugehörigen Anhangs nach dem DMBilG spielt das Kriterium „Jahresumsatz" keine Rolle für die Zuordnung zu einer Größenklasse. Die Zuordnung einer Kapitalgesellschaft zu einer dieser Größenklassen hat nun entscheidende Auswirkungen auf Art und Umfang ihrer Rechnungslegungspflichten. Denn insbesondere den „kleinen", aber z. T. auch noch den „mittelgroßen" Kapitalgesellschaften werden – im Vergleich zu einer „großen" Kapitalgesellschaft – erhebliche Erleichterungen gewährt. Dabei betreffen diese Erleichterungen sowohl die sog. „Erstellungspflichten" als auch die sog. „Prüfungspflichten" und die sog. „Offenlegungspflichten".

■ **Erstellungspflichten**

Bei den Erstellungspflichten ist zunächst daran zu erinnern, daß alle Kapitalgesellschaften unabhängig von der Größenklasse, der sie zugeordnet sind, den (erweiterten) Jahresabschluß und den Lagebericht erstellen müssen.

Die Erleichterungen für kleine und mittelgroße Kapitalgesellschaften beziehen sich in diesem Zusammenhang auf den vom Gesetz geforderten Detaillierungsgrad bei der inhaltlichen Ausgestaltung dieser Rechnungslegungsinstrumente. So erlaubt der Gesetzgeber z. B. kleinen Kapitalgesellschaften, daß sie nach § 266 Abs. 1 S. 3 HGB eine wesentlich verkürzte, sog. „kleinformatige" Beständebilanz (vgl. hierzu Abschnitt 2.3.1) und nach § 276 HGB eine verkürzte Gewinn- und Verlustrechnung (vgl. Abschnitt 2.3.2) erstellen dürfen und nach § 288 S. 1 HGB im Anhang verschiedene Angaben, die von großen Kapitalgesellschaften verlangt werden, nicht machen müssen (vgl. Abschnitt 2.4); außerdem haben kleine Kapitalgesellschaften für die Erstellung des Jahresabschlusses und Lageberichtes bis zu 6 Monate Zeit (vgl. § 264 Abs. 1 S. 3 HGB).

Mittelgroße und große Kapitalgesellschaften haben den (erweiterten) Jahresabschluß und den Lagebericht innerhalb der ersten drei Monate nach Ende des Geschäftsjahres aufzustellen (vgl. § 264 Abs. 1 S. 2 HGB). Mittelgroße Kapitalgesellschaften dürfen nach § 276 HGB ebenfalls eine verkürzte Gewinn- und Verlustrechnung erstellen und brauchen nach § 288 S. 2 HGB im Anhang die Aufgliederung der Umsatzerlöse nach Tätigkeitsbereichen und nach geographisch bestimmten Märkten nicht vorzunehmen.

■ **Prüfungspflichten**

Auch für die Prüfungspflichten gelten größenklassenabhängige Erleichterungen. So müssen nur alle großen und mittelgroßen Kapitalgesellschaften nach § 316 Abs. 1 HGB ihren (erweiterten) Jahresabschluß und ihren Lagebericht durch einen Abschlußprüfer prüfen lassen; damit unterliegen allerdings viele GmbHs ab 1987 erstmals einer – bisher nur für AGs vorgeschriebenen – Prüfungspflicht. Hingegen sind kleine Kapitalgesellschaften – also auch kleine AGs, die bisher geprüft wurden – von dieser Prüfungspflicht nach § 316 Abs. 1 S. 1 HGB befreit.

■ **Offenlegungspflichten**

Schließlich werden auch bei den Offenlegungspflichten kleinen und mittelgroßen Kapitalgesellschaften erhebliche Erleichterungen eingeräumt. Kleine Kapitalgesellschaften z. B. brauchen nach § 326 Abs. 1 S. 1 HGB lediglich die (verkürzte) Beständebilanz und den Anhang, also keine Gewinn- und Verlustrechnung und keinen Lagebericht zum Handelsregister des Sitzes der Kapitalgesellschaft einzureichen.

Bereits die mittelgroßen Kapitalgesellschaften sind verpflichtet, auch die (verkürzte) G+V-Rechnung sowie den Lagebericht (allerdings ebenfalls nur) beim Handelsregister einzureichen (vgl. § 325 Abs. 1 i. V. m. § 327 HGB). Zusätzlich haben die gesetzlichen Vertreter unverzüglich nach der Einreichung der Unterlagen im Bundesanzeiger bekanntzugeben, bei welchem Handelsregister und unter welcher Nummer diese Unterlagen eingereicht worden sind (vgl. § 325 Abs. 1 S. 2 HGB).

Hingegen gilt für große Kapitalgesellschaften, daß sie alle Rechnungslegungsinstrumente zunächst im Bundesanzeiger bekanntzumachen und im Anschluß an diese Bekanntmachung die Unterlagen beim Handelsregister einzureichen haben (vgl. § 325 Abs. 2 HGB). Dabei ist von ihnen und den mittelgroßen Kapitalgesellschaften zu beachten, daß sie ihren Offenlegungspflichten innerhalb von neun Monaten nach Ende des Geschäftsjahres nachzukommen haben (vgl. § 325 Abs. 1 HGB), während kleinen Kapitalgesellschaften nach § 326 S. 1 HGB eine Frist von zwölf Monaten gewährt wird.

In Abbildung 3 sollen die größenklassen-abhängigen Rechnungslegungspflichten von Kapitalgesellschaften nochmals veranschaulicht werden.

Im Zusammenhang mit der Offenlegungspflicht sei noch auf eine impulse-Umfrage bei 430 Registergerichten in der BRD hingewiesen, die zu dem bemerkenswerten Ergebnis führte: „93 % aller GmbHs pfeifen auf die Publizitätspflicht" (o. V., Publizitätspflicht, S. 166). Denn eigentlich hätten rd. 370.000 GmbHs in Deutschland ihre Jahresabschlüsse für 1987 bis Ende 1988 offenlegen müssen; jedoch nur 26.000 GmbHs hatten bis Ende März 1989 diese Publizitätspflicht erfüllt (vgl. o. V., Publizitätspflicht, S. 166).

Für diese hohe Verweigerungsquote lassen sich insbesondere zwei Gründe anführen: Zum einen befürchten die Unternehmen, daß ihre Konkurrenten, Kunden und Lieferanten aus den offengelegten Jahresabschlüssen wichtige Informationen erhalten könnten, die es diesen Informationsempfängern erleichtern, als Konkurrenten gegenüber der offenlegenden Unternehmung gezielte Wettbewerbsmaßnahmen zu ergreifen und als Lieferanten evtl. Preiserhöhungen durchzusetzen bzw. als Kunde (Auftraggeber) evtl. Preissenkungen zu erzwingen . Zum anderen können die Registergerichte gegenüber solchen Kapitalgesellschaften, die ihren Offenlegungspflichten nicht nachkommen, nicht von sich aus tätig werden (vgl. o. V., Bilanz-Veröffentlichung, Seite10); denn nach § 335 S. 2 HGB

		Einzelabschluß		
		Kleine Kapital-gesellschaft	Mittelgroße Kapitalgesellschaft	Große Kapital-gesellschaft
Erstellungs-pflicht	Bilanz	§ 266 Abs. 2 u. 3 HGB i. V. m. § 266 Abs. 1 S. 3 HGB	§ 266 Abs. 2 und 3 HGB	
	GuV/ GKV[1]	verkürzt § 275 Abs. 2 HGB i. V. m. §276 HGB		§ 275 Abs. 2 HGB
	GuV/ UKV[2]	verkürzt § 275 Abs. 3 HBG i. V. m. § 276 HGB		§ 275 Abs. 3 HGB
	Anhang	verkürzt §§ 284, 285 HGB i. V. m. § 288 HGB		§§ 284, 285 HGB
	Lage-bericht		§ 289 HGB	
Aufstellungs-frist			6 Monate § 264 Abs. 1 HGB	3 Monate § 264 Abs. 1 HGB
Prüfungs-pflicht			entfällt	§ 316 Abs. 1 HGB
Offenlegungs-pflicht	Umfang	– verkürzte (klein-formatige) Bilanz;	– mittelformatige Bilanz;	– vollständige Bilanz;
			– verkürzte GuV;	– vollständige GuV;
		– verkürzter An-hang;	– Anhang;	– Anhang;
			– Lagebericht;	– Lagebericht;
		– Gewinnverwen-dungsrechnung.	– Gewinnverwen-dungsrechnung.	– Gewinnverwen-dungsrechnung.
		§ 325 Abs. 1 HGB i. V. m. § 326 HGB	§ 325 Abs. 1 HGB i. V. m. § 327 HGB	§ 325 Abs. 1 HGB
	Ort	Handelsregister mit Hinweis im Bundesanzeiger § 325 Abs. 1 HGB		Bundesanzeiger und Handels-register § 325 Abs. 2 HGB
	Frist	12 Monate § 326 HGB	9 Monate § 325 Abs. 1 HGB	

[1] Gewinn- und Verlustrechnung nach dem Gesamtkostenverfahren
[2] Gewinn- und Verlustrechnung nach dem Umsatzkostenverfahren

Abb. 3: Rechnungslegungspflichten in Abhängigkeit von der Zuordnung der Kapitalgesellschaft zu einer Größenklasse (zu Sonder-Regelungen des DMBilG für die DM-Eröffnungs-bilanz vgl. Abb. 10 auf S. 107 ff.)

darf das Registergericht nur auf Antrag eines Gesellschafters, eines Gläubigers oder des (Gesamt-) Betriebsrates der Kapitalgesellschaft bei Nichterfüllung der Offenlegungspflichten ein Zwangsgeld festsetzen, das im Einzelfall den Betrag von 10.000,– DM nicht übersteigen darf (vgl. § 335 S. 8 HGB).

2.3 Allgemeine Gliederungsvorschriften (§§ 265 ff. HGB)

Für Nicht-Kapitalgesellschaften hat der Gesetzgeber darauf verzichtet, die Gliederung des Jahresabschlusses detailliert vorzuschreiben. Nach § 247 Abs. 1 HGB wird lediglich verlangt, daß in der Beständebilanz das Anlage- und das Umlaufvermögen, das Eigenkapital, die Schulden sowie die Rechnungsabgrenzungsposten gesondert auszuweisen und „hinreichend aufzugliedern" sind. Auch für die G+V-Rechnung gilt nur, daß eine „Gegenüberstellung der Aufwendungen und Erträge des Geschäftsjahrs" (§ 242 Abs. 2 HGB) zu erfolgen hat.

Detaillierte Formvorschriften über die Gliederung von Beständebilanz und G+V-Rechnung finden sich erst im 2. Abschnitt des 3. Buches des HGB, sind also für Kapitalgesellschaften bestimmt. Dabei wird innerhalb der Gliederungsvorschriften, wie bereits erwähnt, eine Pflichtendifferenzierung nach der Größe der Kapitalgesellschaft vorgenommen.

2.3.1 Gliederungsvorschriften für die Beständebilanz

Grundsätzlich sind Kapitalgesellschaften verpflichtet, im Rahmen ihres (erweiterten) Jahresabschlusses eine (Bestände-)-Bilanz aufzustellen, die der „Normal-Gliederung" des § 266

HGB entspricht. Dabei umfaßt die Bindung an das Gliederungsschema nach § 266 Abs. 1 HGB neben der Postenbezeichnung auch den Posteninhalt und die Postenreihenfolge. Der Gliederungsaufbau orientiert sich dabei – wie im bisherigen Aktienrecht – zum einen am „Liquidierbarkeitsprinzip", d. h., im Anlagevermögen wird mit den Sachanlagen (wie Grundstücke und Gebäude, Anlagen und Maschinen, Betriebs- und Geschäftsausstattung) begonnen, dann werden die Finanzanlagen (wie Anteile und Ausleihungen an verbundene Unternehmen, Beteiligungen) ausgewiesen, um anschließend beim Umlaufvermögen über die Vorräte, Forderungen und Wertpapiere schließlich zu den liquiden Mitteln (wie Schecks, Kassenbestand, Bankguthaben) zu gelangen. Zum anderen wurde auch der Grundsatz, Problempositionen (wie „Kosten der Ingangsetzung" und „Geschäfts- oder Firmenwert") besonders hervorzuheben, beibehalten.

■ Abweichungen von der Normalgliederung

Allerdings enthält das HGB auch eine Reihe von zulässigen oder gebotenen Abweichungen von der Normalgliederung, die sich im wesentlichen in den folgenden Fällen zeigen:
- Abweichungen aufgrund des Geschäftszweigs (vgl. § 265 Abs. 4 HGB);
- weitergehende Untergliederung der Bilanzposten und zusätzliche Bilanzpositionen (vgl. § 265 Abs. 5 HGB);
- Anpassung der Gliederung an Besonderheiten der bilanzierenden Kapitalgesellschaft (vgl. § 265 Abs. 6 HGB);
- Zusammenfassung von Bilanzposten (vgl. § 265 Abs. 7 HGB);
- Wegfall von Leerposten, falls für das Vorjahr kein entsprechender Posten auszuweisen ist (vgl. § 265 Abs. 8 HGB);
- Verordnungsermächtigung für Formblätter (vgl. § 330 HGB).

Darüber hinaus beinhaltet bereits § 266 Abs. 1 S. 3 HGB eine zulässige Abweichung, deren Bedeutung nicht unterschätzt werden darf: Kleine Kapitalgesellschaften haben nämlich das Recht (nicht die Pflicht!), in Abweichung von § 266 Abs. 1 S. 2 HGB eine verkürzte, sog. „kleinformatige" Bilanz aufzustellen. Wie eine derartige kleinformatige (Bestände-)Bilanz im Sinne des § 266 Abs. 1 S. 3 HGB aussieht, ist in Abbildung 4 dargestellt.

Im folgenden sollen exemplarisch die Auswirkungen der nach § 265 Abs. 7 HGB erlaubten Abweichung von der Normalgliederung (= „Ausweiswahlrecht") in der Praxis aufgezeigt werden. Dabei konzentrieren wir uns deshalb auf die Abweichungsmöglichkeit nach § 265 Abs. 7 Nr. 2 HGB, „da diese einen für das deutsche Bilanzrecht neuen Gestaltungsspielraum eröffnet" (Treuarbeit, Jahres- und Konzernabschlüsse, S. 39).

Nach dieser Vorschrift können nämlich die in § 266 Abs. 2 und 3 HGB mit arabischen Zahlen versehenen Posten der Bilanz zusammengefaßt werden, wenn durch die Zusammenfassung die Klarheit der Darstellung vergrößert wird; die zusammengefaßten Posten müssen dann jedoch im Anhang gesondert ausgewiesen werden.

Wie eine für 100 große Kapitalgesellschaften durchgeführte Untersuchung zeigte, fanden sich in 94 (!) der 100 ausgewerteten Jahresabschlüsse für 1988 Hinweise auf die Inanspruchnahme des § 265 Abs. 7 Nr. 2 HGB; in 17 Fällen wurde sogar das Maximum möglicher Zusammenfassungen, nämlich Zusammenfassung aller mit arabischen Zahlen versehenen Posten, in Anspruch genommen (vgl. Treuarbeit, Jahres- und Konzernabschlüsse, S. 39 f.). Letzteres bedeutet: Obwohl es sich bei ihnen um große Kapitalgesellschaften handelt, legten die betreffenden 17 Unternehmen für 1988 eine „kleinformatige" Bilanz vor, in der – wie nach § 266 Abs. 1 S. 3 HGB eigentlich nur für kleine Kapitalgesellschaften erlaubt – lediglich die mit Buchstaben und römischen Zahlen versehenen Posten aufgeführt sind (vgl. Abb. 4). Die zusammengefaßten Posten wurden allerdings anschließend im Anhang gesondert ausgewiesen. Als Beispiel sei die Schering AG genannt, die auch bei ihrem Jahresabschluß für 1989 auf die beschriebene Weise vorgegangen ist (vgl. Schering AG, Geschäftsbericht 1989).

AKTIVA	PASSIVA

A. Ausstehende Einlagen
  – davon eingefordert:
B. Aufwendungen für die Ingangsetzung und Erweiterung des Geschäftsbetriebs
C. Anlagevermögen
  I. Immaterielle Vermögensgegenstände
  II. Sachanlagen
  III. Finanzanlagen
D. Umlaufvermögen
  I. Vorräte
  II. Forderungen und sonstige Vermögensgegenstände
    – davon Restlaufzeit mehr als 1 Jahr:
  III. Wertpapiere
  IV. Schecks, Kassenbestand, Bundesbank- und Postgiroguthaben, Guthaben bei Kreditinstituten
 	
E. Rechnungsabgrenzungsposten
  I. Abgrenzungsposten für latente Steuern
  II. Sonstige Rechnungsabgrenzungsposten
	A. Eigenkapital
	  I. Gezeichnetes Kapital
	  II. Kapitalrücklage
	  III. Gewinnrücklagen
	  IV. Gewinn-/Verlustvortrag
	  V. Jahresüberschuß/ Jahresfehlbetrag
	B. Rückstellungen
	C. Verbindlichkeiten
	  – davon Restlaufzeit bis zu einem Jahr:
	D. Rechnungsabgrenzungsposten

Abb. 4: Verkürzte, „kleinformatige" Bilanz gemäß § 266 Abs. 1 S. 3 HGB für kleine Kapitalgesellschaften

Ferner muß im Zusammenhang mit den Gliederungsvorschriften für die (Bestände-)-Bilanz noch darauf hingewiesen werden, daß nach § 268 Abs. 2 HGB alle Kapitalgesellschaften dazu verpflichtet sind, die Entwicklung der einzelnen Posten des Anlagevermögens und des Postens „Aufwendungen für die Ingangsetzung und Erweiterung des Geschäftsbetriebes" darzustellen.

■ **Anlagespiegel**

Dazu dient der sog. „Anlagespiegel" (bisweilen wird auch von „Anlagegitter" gesprochen). Dieser Anlagespiegel kann entweder in der (Bestände-)Bilanz oder aber im Anhang ausgewiesen werden. Insofern besteht für den Anlagespiegel ein sog. „Ausweiswahlrecht", das erneut die enge Verbindung zwischen der Bilanz und dem Anhang verdeutlicht und zugleich erklärt, warum der Anhang mit der Bilanz und der G+V-Rechnung „eine Einheit bildet" (§ 264 Abs. 1 HGB).

Zum Aufbau des Anlagespiegels, der gem. § 268 Abs. 2 S. 2 HGB nach der „direkten Bruttomethode" erstellt werden muß, sei auf die folgende Abbildung 5 verwiesen (hierbei bedeuten die Abkürzungen: AK = (historische) Anschaffungskosten, HK = (historische) Herstellungskosten, GJ = Geschäftsjahr).

Aus Abbildung 5 ist zu entnehmen: Bei der jetzt vorgeschriebenen „direkten Bruttomethode" bildet (im Gegensatz zur „direkten Nettomethode" bzw. „indirekten Bruttomethode" nach altem Aktienrecht) der zu (historischen) Anschaffungs- oder Herstellungskosten bewertete Anfangsbestand der einzelnen Posten des Anlagevermögens den Ausgangspunkt. Deshalb müssen nunmehr neben den Zugängen und Umbuchungen auch die Abgänge zu den ursprünglichen Anschaffungs- oder Herstellungskosten bewertet und die kumulierten, d. h. die über die Jahre der bisherigen Nutzung aufsummierten Abschreibungen des jeweiligen Anlagegutes sowie evtl. Zuschreibungen des Geschäftsjahres berücksichtigt werden, um zum

Anfangs-bestand zu AK/HK	Zugänge des GJ zu AK/HK	Abgänge des GJ zu AK/HK	Umbuchungen des GJ zu AK/HK	Abschreibungen in ihrer gesamten Höhe (kumuliert)	Abschreibungen des GJ (nachrichtlich)	Zuschreibungen des GJ	Buchwert des Endbestandes am 31.12..... (Abschlußstichtag)	Buchwert am 31.12. des Vorjahres
	+	−	+/−	−		+		

Abb. 5: *Aufbau des „Anlagespiegels" nach § 268 Abs. 2 HGB*

Buchwert des Endbestandes am Abschlußstichtag zu gelangen.

Die Angabe der Abschreibungen des Geschäftsjahres im Anlagespiegel ist gesetzlich nicht vorgeschrieben, darf aber – und sollte u. E. zweckmäßigerweise – hier „nachrichtlich" erfolgen; anderenfalls wären die Abschreibungen des Geschäftsjahres unter Ausnutzung eines weiteren „Ausweiswahlrechtes" nämlich „entweder in der Bilanz bei dem betreffenden Posten zu vermerken oder im Anhang in einer der Gliederung des Anlagevermögens entsprechenden Aufgliederung anzugeben" (§ 268 Abs. 2 S. 3 HGB).

■ **Verbindlichkeitenspiegel**

Im Gegensatz zum Anlagespiegel wird der sog. „Verbindlichkeitenspiegel" vom Gesetzgeber nicht verlangt. Trotzdem empfiehlt sich seine Aufstellung für Kapitalgesellschaften. Denn zum einen muß jede Kapitalgesellschaft nach § 268 Abs. 5 S. 1 HGB den Betrag der Verbindlichkeiten mit einer Restlaufzeit bis zu einem Jahr bei jedem gesondert ausgewiesenen Posten in der Bilanz vermerken. Zum anderen haben alle Kapitalgesellschaften für jeden Posten der Verbindlichkeiten, die in der Bilanz ausgewiesen werden, den Gesamtbetrag der Verbindlichkeiten mit einer Restlaufzeit von mehr als 5 Jahren und, soweit Verbindlichkeiten durch Pfandrechte oder ähnliche Rechte gesichert sind, Art und Form der Sicherheiten im Anhang gesondert anzugeben (vgl. § 285 Nr. 1 und Nr. 2 HGB). Diese Informationspflichten können mit einem „Verbindlichkeitenspiegel", wie er in Abbildung 6 (vgl. Göllert/Ringling, S. 32) dargestellt ist, übersichtlich und detailliert erfüllt werden.

In der Praxis finden sich „Verbindlichkeitenspiegel" in der hier vorgeschlagenen oder ähnlicher Form u. a. in den Jahresabschlüssen von ASKO Deutsche Kaufhaus AG, Beiersdorf AG und Enka AG.

Art der Verbindlichkeit	Gesamt-betrag	davon mit einer Restlaufzeit von			gesicherte Beträge	Art der Sicherheit
		≤ 1 Jahr	1-5 Jahren	> 5 Jahren		
	TDM	TDM	TDM	TDM	TDM	
gegenüber Kreditinstituten	40 000	25 000	8 000	7 000	7 000	Grundpfandrechte
aus Lieferungen und Leistungen	35 000	35 000			–	
gegenüber verbundenen Unternehmen	18 000	15 000	3 000		3 000	Sicherungs-abtretung von Forderungen
gegenüber Gesellschaftern	12 000		12 000		12 000	Grundpfandrechte
sonstige Verbindlich-keiten	5 000	5 000			–	
Summe	110 000	80 000	23 000	7 000	22 000	

Bilanzangabe
(Detaillierung nach jeweiligem Bilanzformat)

Angabe freiwillig

Abb. 6: Beispiel für einen „Verbindlichkeitenspiegel"

2.3.2 Gliederungsvorschriften für die Erfolgsbilanz (G+V-Rechnung)

Wie bereits bei den Grundbegriffen (vgl. Abschnitt 1.3) kurz erwähnt, dürfen Nicht-Kapitalgesellschaften ihre Erfolgsbilanz bzw. Gewinn- und Verlustrechnung in Kontoform erstellen, während für Kapitalgesellschaften nach § 275 Abs. 1 S. 1 HGB grundsätzlich die Staffelform vorgeschrieben ist.

Im Gegensatz zum alten AktG, nach dem nur das „Gesamtkostenverfahren" zugelassen war, wird Kapitalgesellschaften nunmehr in § 275 Abs. 1 HGB das (Ausweis-) Wahlrecht eingeräumt, die G+V-Rechnung entweder nach dem „Gesamtkosten-" oder nach dem „Umsatzkostenverfahren" aufzustellen.

■ Gesamtkostenverfahren und Umsatzkostenverfahren

Die wesentlichen Unterschiede zwischen diesen beiden Verfahren liegen in folgendem: Beim „Gesamtkostenverfahren" werden nach § 275 Abs. 2 HGB die gesamten Erträge, zu denen neben den Umsatzerlösen auch evtl. „Bestandserhöhungen der fertigen und unfertigen Erzeugnisse" und „andere aktivierte Eigenleistungen" gehören, und dementsprechend auch die gesamten Kosten, die in der Periode angefallen sind, einander gegenübergestellt; außerdem werden die Gesamtkosten nach Kosten- (besser: Aufwands-)-arten (insbesondere Materialaufwand, Personalaufwand, Abschreibungen) untergliedert.

Hingegen werden beim „Umsatzkostenverfahren" nach § 275 Abs. 3 HGB nur die Umsatzerlöse betrachtet und diesen dann konsequenterweise auch nur die sog. „Umsatzaufwendungen" (Wöhe, Bilanzierung, S. 276) gegenübergestellt, die für die zur Erzielung der Umsatzerlöse erbrachten Leistungen angefallen sind; zugleich sind die Aufwendungen nach Art einer Kostenstellenrechnung, also in Herstellungskosten, Vertriebskosten und allgemeine Verwaltungskosten, aufzuspalten.

Abbildung 7 (vgl. Wöhe, Bilanzierung, S. 277) zeigt eine – bestimmte Posten zusammenfassende – Gegenüberstellung der beiden erlaubten Gliederungsschemata für die handelsrechtliche G+V-Rechnung, ihre Eigenheiten, aber auch die vorhandenen Gemeinsamkeiten der beiden Verfahren.

Posten	Gesamtkostenverfahren (§ 275 Abs. 2 HGB)		Umsatzkostenverfahren (§ 275 Abs. 3 HGB)	Posten
1		Umsatzerlöse	Umsatzerlöse	1
2	+/./.	Bestandsveränderungen der fertigen und unfertigen Erzeugnisse	./. Herstellungskosten der zur Erzielung der Umsatzerlöse erbrachten Leistungen	2
3	+	andere aktivierte Eigenleistungen	= Bruttoergebnis vom Umsatz	3
4	+	sonstige betriebliche Erträge	./. Vertriebskosten	4
5	./.	Materialaufwand	./. allg. Verwaltungskosten	5
6	./.	Personalaufwand	+ sonstige betriebliche Erträge	6
7	./.	Abschreibungen	./. sonstige betriebliche Aufwendungen	7
8	./.	sonstige betriebliche Aufwendungen		
	=	Betriebsergebnis		
9–13	+	Finanzergebnis		8–12
14	=	Ergebnis der gewöhnlichen Geschäftstätigkeit		13
15–17	+/./.	außerordentliches Ergebnis		14–16
18–19	./.	Steuern		17–18
20	=	Jahresüberschuß/Jahresfehlbetrag		19

Abb. 7: Gliederungen der G+V-Rechnung nach dem „Gesamtkosten-" und „Umsatzkostenverfahren"

Auf der Grundlage der Abbildung 7 kann gleichzeitig noch auf eine bedeutsame Erleichterung für kleine und mittelgroße Kapitalgesellschaften aufmerksam gemacht werden: Nach § 276 HGB dürfen solche Kapitalgesellschaften die Posten Nr. 1 bis 5 des Gesamtkostenverfahrens bzw. die Posten Nr. 1 bis 3 und 6 des Umsatzkostenverfahrens zu einem Posten unter der Bezeichnung „Rohergebnis" zusammenfassen. Der Gesetzgeber erlaubt somit in diesem Zusammenhang ausdrücklich ein Abweichen vom „Bruttoprinzip", wie es nach § 246 Abs. 2 HGB gefordert wird.

Ein Problem, das beide Gliederungsverfahren gleichermaßen betrifft, kommt durch die Neuformulierung bzw. Abgrenzung der einzelnen Ergebnisblöcke in der G+V-Rechnung nach § 275 Abs. 2 und 3 HGB zustande.

Die Definition der „sonstigen betrieblichen Aufwendungen und Erträge" bezieht sich nämlich auf das Kriterium der „gewöhnlichen Geschäftstätigkeit" und schließt damit u. E. alle aperiodischen, (aber) betrieblichen Geschäftsvorfälle ein. Dementsprechend sind im „außerordentlichen Ergebnis" nur noch Aufwendungen und Erträge auszuweisen, die außerhalb der gewöhnlichen Geschäftstätigkeit anfallen. Damit wird jedoch das „Betriebsergebnis" zu Lasten des außerordentlichen Ergebnisses ausgeweitet und enthält u. a. folgende – nach traditionellem Verständnis – außerordentliche Posten (vgl. auch Göllert/Ringling, S. 25):

- Verluste und Erträge aus Anlagenabgängen,

- Erträge aus Zuschreibungen,

- Erträge aus der Auflösung von Pauschalwertberichtigungen auf Forderungen,

- Erträge aus der Auflösung von Rückstellungen,

- Einstellungen in und Auflösungen von „Sonderposten mit Rücklageanteil".

Nur die zuletzt genannten Sonderpostenzuführungen bzw. -auflösungen müssen nach § 281 Abs. 2 S. 2 HGB gesondert entweder in der G+V-Rechnung oder im Anhang (= „Ausweiswahlrecht") ausgewiesen werden. Die übrigen oben aufgeführten außerordentlichen Positionen gehen im Sammelposten „sonstiger betrieblicher Aufwand/Ertrag" unter (vgl. Hilke, Neutrale Aufwendungen). Diese Vorgehensweise stellt somit im Vergleich zum bisherigen Aktienrecht einen (möglicherweise erheblichen) Informationsverlust dar.

Zur bisherigen Ausnutzung des Wahlrechtes zwischen dem Gesamtkosten- bzw. dem Umsatzkostenverfahren für die G+V-Rechnung in der Praxis kann folgendes festgestellt werden: Von 100 großen Kapitalgesellschaften, die von der Treuarbeit untersucht wurden, hatten 1987 noch 89 (1988: 88) Unternehmen das Gesamtkostenverfahren und nur 11 (1988: 12) Unternehmen das Umsatzkostenverfahren gewählt (vgl. Treuarbeit, Jahresabschlüsse, S. 127; dies., Jahres- und Konzernabschlüsse, S. 87).

Daß dieses Ergebnis entscheidend von der getroffenen Auswahl der untersuchten 100 Kapitalgesellschaften beeinflußt wurde, zeigt eine andere Untersuchung (vgl. o. V.: Umsatzkostenverfahren, S. XI): Danach ist ein starker Trend hin zu dem international üblichen Umsatzkostenverfahren festzustellen, denn es werden dort schon 44 (!) Unternehmen genannt, die sich 1987 des Umsatzkostenverfahrens bedienten. Insbesondere haben die Großunternehmen der Chemiebranche (wie BASF, Bayer, Hoechst, Henkel, Schering, Enka) sowie die deutschen Tochtergesellschaften ausländischer Konzerne (wie Ford, Opel, Volvo, Alldephi, Minolta, Union Carbide) das Umsatzkostenverfahren gewählt (vgl. hierzu im einzelnen: o. V., Umsatzkostenverfahren, S. XI).

2.4 Der Anhang (§§ 284 ff. HGB)

Wie schon in Abschnitt 1.3 und Abschnitt 2.1 erwähnt, haben Kapitalgesellschaften nach § 264 Abs. 1 S. 1 HGB den Jahresabschluß um einen Anhang zu erweitern, der mit der Beständebilanz und der G+V-Rechnung eine Einheit bildet. Wichtig ist in diesem Zusammenhang, daß weder die Beständebilanz noch die G+V-Rechnung für sich allein die „Generalnorm" des § 264 Abs. 2 HGB erfüllen, also das geforderte Bild der Vermögens-, Finanz- und Ertragslage vermitteln können. Dieses Ziel kann vielmehr erst durch das Zusammenwirken aller drei für Kapitalgesellschaften geforderten Bestandteile des Jahresabschlusses (vgl. Abb. 1) erreicht werden. Dabei enthält der Anhang als integrierter (Pflicht-)Bestandteil des (erweiterten) Jahresabschlusses:

- **Pflichtangaben**, die in jedem Jahresabschluß zu machen sind (z. B. Abweichungen von Bilanzierungs- und Bewertungsmethoden nach § 284 Abs. 2 Nr. 3 HGB);

- **Wahlpflichtangaben**, die im Jahresabschluß zu machen sind, wenn von Ausweiswahlrechten zugunsten des Anhangs Gebrauch gemacht worden ist (vgl. Abschnitt 2.3.1 zu § 265 Abs. 7 Nr. 2 HGB);

- **zusätzliche Angaben**, die nur dann notwendig sind, wenn der Jahresabschluß ein den tatsächlichen Verhältnissen entsprechendes Bild im Sinne des § 264 Abs. 2 S. 1 HGB nicht erfüllt. Die Untersuchungsergebnisse der Treuarbeit zeigen, daß eine unter diese Vorschrift zu subsumierende Anhang-Angabe in den Jahresabschlüssen für 1988 (wie auch für 1987) von keiner der 100 großen Kapitalgesellschaften gemacht wurde (vgl. Treuarbeit, Jahres- und Konzernabschlüsse, S. 103);

- **freiwillige Angaben**, die über die gesetzlich geforderten Angaben hinausgehen. Zu denken ist in diesem Zusammenhang z. B. an eine Kapitalflußrechnung oder ähnliche Darstellungen (z. B. Bewegungsbilanzen), die zur Erläuterung der Finanzlage dienen können, aber nicht zwingend vorgeschrieben sind. Von 100 großen Kapitalgesellschaften haben 10 Unternehmen 1988 (gegenüber 14 im Vorjahr) den Anhang um eine solche Kapitalflußrechnung oder eine ähnliche Darstellung ergänzt (vgl. Treuarbeit, Jahres- und Konzernabschlüsse, S. 103).

Die Pflicht zur Erstellung eines Anhanges betrifft grundsätzlich sämtliche Kapitalgesellschaften und umfaßt je nach Rechtsform zwischen ca. 50 und 70 verschiedene Informationssachverhalte (einschließlich der Ausweiswahlrechte) mit zum Teil umfangreichen Einzelangaben. Dabei bestehen für kleine und mittelgroße Kapitalgesellschaften sowohl bei der Erstellung als auch bei der Offenlegung zwar Erleichterungen, aber „bereits eine kleine GmbH muß etwa 80 % der Angaben machen" (Göllert/Ringling, S. 27).

Abbildung 8 (vgl. Peat/Marwick/Mitchell, S. 44 ff.) soll im Sinne einer Checkliste die Anhangsinformationspflichten nach §§ 284 und 285 HGB zusammenfassend darstellen und gleichzeitig die vorhandenen größenabhängigen Erleichterungen (vgl. § 288 HGB) verdeutlichen.

Schließlich sei daran erinnert: Es ist aufgrund sog. Schutzklauseln nach § 286 HGB zulässig, bestimmte – an sich verlangte – Angaben im Anhang zu unterlassen; hierauf wurde bereits in Abschnitt 1.3 hingewiesen.

Vorschriften zum Anhang (von allen Kapitalgesellschaften zu erstellen)
Zunächst sind im Anhang Angaben zu machen, die notwendig sind, um dem Leser ein den tatsächlichen Verhältnissen entsprechendes Bild der Vermögens-, Finanz- und Ertragslage der Gesellschaft zu geben. Insbesondere sind, sofern vorliegend, folgende Umstände zu erläutern: – Gliederung der Bilanz oder Gewinn- und Verlustrechnung wurde nicht beibehalten

- Vorjahreszahlen sind nicht vergleichbar oder wurden geändert
- Gliederung nach mehreren Geschäftszweigen (soweit zutreffend)
- Aufgliederung von im Jahresabschluß zusammengefaßten Posten
- Erläuterungen von Forderungen, die erst nach dem Abschlußstichtag entstehen
- Erläuterungen von Verbindlichkeiten, die erst nach dem Abschlußstichtag entstehen
- Entwicklungen des Anlagevermögens (sofern nicht aus der Bilanz ersichtlich)
- Veränderungen des Eigenkapitals
- Erläuterung außerordentlicher Aufwendungen und Erträge
- Angabe der aus steuerlichen Gründen unterlassenen Wertaufholung
- Die nach steuerlichen Vorschriften vorgenommenen Abschreibungen und Wertberichtigungen
- Haftungsverhältnisse

Ferner sind im Anhang zu erläutern:	Angabepflicht auch für Kapitalgesellschaften der Größenklassen	
	Mittelgroße	Kleine
- Angewandte Bilanzierungs- und Bewertungsmethoden	ja	ja
- Methode für die Umrechnung von Fremdwährungsbeträgen in Deutsche Mark	ja	ja
- Abweichungen von im Vorjahr angewandten Bilanzierungs- und Bewertungsmethoden, sowie den Einfluß der Abweichung auf die Vermögens- und Ertragslage	ja	ja
- Unterschiede der Buchwerte zur Bewertung zu letzten Börsen- und Marktpreisen bei Gruppen-, Lifo- und Fifo-Bewertung	ja	ja
- Einbeziehung von Zinsen für Fremd-	ja	ja

	Angabepflicht auch für Kapitalgesellschaften der Größenklassen	
kapital in die Herstellungskosten	**Mittelgroße**	**Kleine**
– Gesamtbetrag der Verbindlichkeiten mit einer Restlaufzeit von mehr als fünf Jahren	ja	ja
– Gesamtbetrag der durch Pfandrechte gesicherten Verbindlichkeiten unter Angabe der Sicherheiten	ja	ja
– Aufgliederung der Verbindlichkeiten mit einer Restlaufzeit von mehr als fünf Jahren und der gesicherten Verbindlichkeiten	ja	entfällt
– Gesamtbetrag sonstiger finanzieller Verpflichtungen, die nicht in der Bilanz erscheinen (außer Haftungsverhältnisse). Hierbei sind Verpflichtungen gegenüber verbundenen Unternehmen gesondert anzugeben	ja	entfällt
– Aufgliederung der Umsatzerlöse nach Tätigkeitsbereichen und geographischen Märkten (kann unterbleiben, sofern mit erheblichen Nachteilen zu rechnen ist)	entfällt	entfällt
– Einfluß von aus steuerrechtlichen Gründen erfolgten Abschreibungen auf das Jahresergebnis	ja	entfällt
– Einfluß von Steuern auf das Ergebnis der gewöhnlichen Geschäftstätigkeit sowie auf das außerordentliche Ergebnis	ja	ja
– Durchschnittliche Anzahl der Arbeitnehmer nach Gruppen	ja	entfällt
– Bei Anwendung des Umsatzkostenverfahrens Angabe des Material- und Personalaufwands entsprechend	ja	entfällt für Material-

	Angabepflicht auch für Kapitalgesellschaften der Größenklassen	
	Mittelgroße	Kleine
der Gliederung des Gesamtkostenverfahrens		aufwand
– Für Mitglieder des Geschäftsführungsorgans, eines Aufsichtsrats oder eines Beirats, jeweils für die Personengruppe		
– die im Geschäftsjahr gewährten Gesamtbezüge	ja	entfällt
– die Gesamtbezüge der früheren Mitglieder dieser Organe sowie die für diese Personen gebildeten Rückstellungen unter Angabe der nicht durch Rückstellungen gedeckten Beträge	ja	entfällt
– die gewährten Vorschüsse und Kredite unter Angabe der Zinssätze und der Bedingungen sowie für diese Personen eingegangene Haftungsverhältnisse	ja	ja
– Alle Mitglieder des Geschäftsführungs- und Aufsichtsorgans unter Bezeichnung der Vorsitzenden und stellvertretenden Vorsitzenden	ja	ja
– Name und Sitz von Unternehmen, von denen die Gesellschaft mindestens 20 % der Anteile hält, sowie letztes Jahresergebnis dieser Unternehmen (kann unterbleiben, sofern unbedeutend oder ein erheblicher Nachteil zu erwarten ist)	ja	ja
– Wesentliche unter sonstige Rückstellungen ausgewiesene Posten	ja	entfällt
– Gründe für eine Abschreibung des erworbenen Firmen- oder Geschäfts-	ja	ja

	Angabepflicht auch für Kapitalgesellschaften der Größenklassen	
	Mittelgroße	Kleine
wertes über die erwartete Nutzungsdauer statt der generell vorgesehenen 25 % p.a. ab dem Jahr nach dem Erwerb		
– Name und Sitz des Mutterunternehmens der Kapitalgesellschaft, das den Konzernabschluß aufstellt	ja	ja
(Ferner sind noch nach aktienrechtlichen Vorschriften Angaben in den Anhang aufzunehmen)		

Abb. 8: (Pflicht-)Angaben im „Anhang" zu einem Einzelabschluß

2.5 Zum Lagebericht (§ 289 HGB)

Die gesetzlichen Vertreter von Kapitalgesellschaften sind unabhängig von der Unternehmensgröße nach § 264 Abs. 1 S. 1 HGB dazu verpflichtet, einen Lagebericht zu erstellen. Demgegenüber setzen sowohl die Offenlegungs- als auch die Prüfungspflicht erst ab dem Mittelformat ein (vgl. hierzu nochmals Abb. 3 in Abschnitt 2.2).

Aufgrund der Zukunftsorientierung der Informationsbedürfnisse der externen (und auch internen) Jahresabschlußadressaten wird dem Lagebericht dabei die Aufgabe zugewiesen, den durch Beständebilanz, G+V-Rechnung und Anhang vermittelten Einblick in die wirtschaftliche Lage einer Kapitalgesellschaft in sachlicher Hinsicht durch zusätzliche Angaben und in zeitlicher Hinsicht durch zukunftsorientierte Informationen zu ergänzen.

Der Gesetzgeber hat unter Berücksichtigung dieser Aufgabenstellung den Lagebericht in 4 Berichtsbereiche untergliedert:

- **Darstellung von Geschäftsverlauf und Lage** der Kapitalgesellschaft, kodifiziert als Muß-Vorschrift (vgl. § 289 Abs. 1 HGB);

- **Nachtragsbericht,** d. h., es sind Informationen über Tatbestände von besonderer Bedeutung aufzunehmen, die dem Jahresabschlußersteller nach dem Bilanzstichtag bis zum Aufstellungstag bekannt geworden sind (vgl. § 289 Abs. 2 Nr. 1 HGB);

- **Prognosebericht,** d. h., es soll auf die voraussichtlich zukünftige Entwicklung der Kapitalgesellschaft eingegangen werden (vgl. § 289 Abs. 2 Nr. 2 HGB);

- **Forschungs- und Entwicklungsbericht** einschließlich der Angaben zur Gesamthöhe der Forschungs- und Entwicklungsaufwendungen (vgl. § 289 Abs. 2 Nr. 3 HGB).

Gerade der zweite und dritte Berichtsbereich (Nachtrags- und Prognosebericht) unterstreichen in besonderer Weise die bereits erwähnte Zukunftsorientierung des Lageberichts.

Berichtspflichtige Vorgänge nach Schluß des Geschäftsjahres – insbesondere Negativereignisse wie z. B. der Verlust von Großabnehmern – sind für die Beurteilung der (zukünftigen) Vermögens-, Finanz- und Ertragslage von besonderer Bedeutung.

Zum Prognosebericht ist allerdings anzumerken, daß i. d. R. keine detaillierten Prognosen, sondern lediglich Tendenzaussagen über die zukünftige Entwicklung erwartet werden können. Auch hier gilt, daß negative Faktoren grundsätzlich nicht unterschlagen werden dürfen (vgl. Göllert/Ringling, S. 34).

Der vierte und letzte in § 289 HGB genannte Bereich, der Forschungs- und Entwicklungsbericht, findet selbstverständlich seine Grenze dort, wo der Konkurrenz ein zu weitgehender Einblick gewährt werden würde.

In diesem Zusammenhang ist nochmals die in § 286 HGB aufgeführte Schutzklausel zu nennen, nach der immer dann Angaben unterbleiben können, wenn sie nach vernünftiger kaufmännischer Beurteilung geeignet sind, der Kapitalgesellschaft einen erheblichen Nachteil zuzufügen (vgl. § 286 Abs. 2 HGB). Denn, wie z. B. Coenenberg u. E. zu recht feststellt, ist die – nur für den Anhang formulierte – Schutzklausel des § 286 Abs. 2 HGB auch auf den Lagebericht übertragbar (vgl. Coenenberg, S. 378).

In bezug auf die Erstellungs-, Prüfungs- und Offenlegungspflichten sind vor allem folgende Sachverhalte hervorzuheben:

Erstens ist der Lagebericht als zwingender Bestandteil der Rechnungslegung grundsätzlich von allen Kapitalgesellschaften zu erstellen. Dabei ist für kleine Kapitalgesellschaften die Erleichterung bedeutsam, daß der Gesetzgeber nach § 264 Abs. 1 S. 3 HGB eine Verlängerung der Aufstellungsfrist von 3 auf 6 Monate auch für den Lagebericht vorsieht.

Zweitens muß in bezug auf die Pflicht zur Prüfung des Lageberichts zum einen auf die Vorschrift des § 316 Abs. 1 HGB hingewiesen werden. Dort heißt es: „Der Jahresabschluß und der Lagebericht von Kapitalgesellschaften, die nicht kleine im Sinne des § 267 Abs. 1 sind, sind durch einen Abschlußprüfer zu prüfen." Damit wird offensichtlich, daß große und mittelgroße Kapitalgesellschaften auch ihren Lagebericht prüfen lassen müssen und nur für kleine Kapitalgesellschaften die Prüfung (jedoch nicht die Pflicht zur Aufstellung) eines Lageberichts entfällt. Zum anderen ist zu beachten: Nach § 317 Abs. 1 S. 3 HGB ist der Lagebericht darauf zu prüfen, ob er „mit dem Jahresabschluß ... im Einklang ... (steht) und ob die sonstigen Angaben im Lagebericht nicht eine falsche Vorstellung von der Lage des Unternehmens ... erwecken".

Drittens kann in bezug auf die Offenlegungspflichten des Lageberichtes (wie auch für den [erweiterten] Jahresabschluß) darauf aufmerksam gemacht werden, daß der Gesetzgeber drei Formen der Offenlegung unterscheidet: die große, die kleine und die eingeschränkte Publizität. Dabei ergeben sich folgende Zusammenhänge:

- Die **große Publizität** verlangt die Offenlegung des Lagberichts im Bundesanzeiger und den übrigen Gesellschaftsblättern sowie die Einreichung zum Handelsregister; sie gilt für **große** Kapitalgesellschaften.

- Die **kleine Publizität** verlangt die Einreichung des Lageberichtes „nur" zum Handelsregister unter Hinweis im Bundesanzeiger; sie gilt für mittelgroße Kapitalgesellschaften.

- Bei der **eingeschränkten Publizität**, die für kleine (nicht prüfungspflichtige) Kapitalgesellschaften gilt, braucht ein Lagebericht nicht offengelegt zu werden.

Abschließend muß generell festgestellt werden, daß § 289 HGB durch hohe verbale Anforderungen ohne inhaltliche Konkretisierung und somit durch einen auslegungsbedürftigen Wortlaut gekennzeichnet ist. Umso verwunderlicher ist in diesem Zusammenhang die Tatsache, daß ein Prüfungstestat für den Lagebericht in weiten Kreisen (immer noch) als eine Garantie für die Gesundheit und Bonität des geprüften Unternehmens angesehen wird (vgl. Räuber, S. 1285).

3 Allgemeine Bilanzierungs- und Bewertungsprinzipien

3.1 Allgemeine Vorschriften (§§ 238 ff. HGB) und „Grundsätze ordnungsmäßiger Buchführung" (GoB)

Die allgemeinen Vorschriften, die für die Buchführung und die Bilanzierung aller Kaufleute gelten, sind durch das BiRiLiG in den §§ 238 bis 245 HGB zusammengefaßt worden; dementsprechend konnten zahlreiche allgemein-verbindliche Bilanzierungs-Vorschriften in den Spezialgesetzen (insbesondere AktG, GmbHG, GenG) gestrichen werden.

Gleichzeitig wurden verschiedene Grundsätze ordnungsmäßiger Buchführung und Bilanzierung, die bisher nicht kodifiziert waren, nunmehr expressis verbis in den Gesetzestext des neuen HGB aufgenommen; die Kodifikation solcher Regeln, die bereits als Grundsätze ordnungsmäßiger Buchführung galten, beruht darauf, daß der Gesetzgeber bestimmte Grundsätze, die er für besonders wichtig hält und die in der Vergangenheit nicht genügend beachtet wurden, eindeutig festgelegt haben wollte (vgl. Leffson, Vorschriften, S. 5).

Trotzdem enthält auch das neue HGB noch an zahlreichen Stellen einen Verweis auf sog. „Grundsätze ordnungsmäßiger Buchführung", denen wir uns deshalb zunächst zuwenden wollen.

3.1.1 Zur Bedeutung der „Grundsätze ordnungsmäßiger Buchführung" (GoB)

Der erste Hinweis auf die Grundsätze ordnungsmäßiger Buchführung (GoB) findet sich in § 238 Abs. 1 S. 1 HGB, in dem es heißt: „Jeder Kaufmann ist verpflichtet, Bücher zu führen und in diesen seine Handelsgeschäfte und die Lage seines Vermögens nach den Grundsätzen ordnungsmäßiger Buchführung ersichtlich zu machen."

Durch diesen Verweis werden die GoB, so unbestimmt sie zum Teil sind, zu Rechtsvorschriften und sind damit zwingend zu beachten. Zugleich wird deutlich, daß die GoB den Charakter grundlegender Ordnungsvorschriften nicht nur für die Buchführung, sondern auch für die Inventur und für die Bilanzierung haben. Die GoB lassen sich – analog zu § 242 BGB – als Generalklauseln auffassen, die hinter den gesetzlichen Normen stehen und Tatbestände regeln, die vom Gesetz nicht oder nicht hinreichend erfaßt sind. Die GoB müssen also als „gesetzesergänzende Regelungen" (Leffson, Vorschriften, S. 4) verstanden werden.

Diese Grundsätze haben formale und materielle Regeln zum Inhalt, die eine ordentliche Dokumentation und Rechenschaftslegung, insbesondere die Ermittlung des richtigen Periodenerfolges, gewährleisten sollen.

Die GoB gelten nach herrschender Auffassung für alle Unternehmungsformen gleichermaßen, also rechtsform-unabhängig.

■ **Quellen der GoB**

– die kaufmännische Übung (Usance),
– die wissenschaftliche Diskussion (insbesondere die betriebswirtschaftliche, rechtswissenschaftliche Forschung),

- die Gesetzgebung (zuzüglich der Erlasse und Richtlinien),
- die handels- und steuerrechtliche Rechtsprechung.

Aus dieser Auflistung der Quellen wird bereits deutlich, daß nicht alle Grundsätze, die für eine ordnungsmäßige Buchführung und Bilanzierung beachtet werden müssen, im Handels- oder Steuerrecht kodifiziert sind. Gerade diese nichtkodifizierten Grundsätze oder „nicht ausformulierten Vorschriften" (Leffson, Vorschriften, S. 3) sind gemeint, wenn im HGB auf die GoB als gesetzesergänzende Regelungen verwiesen wird.

So enthalten beispielsweise die ausformulierten Vorschriften des HGB keinerlei Hinweis auf das anzuwendende Buchführungssystem (einfache Buchführung, doppelte Buchführung, kameralistische Buchführung). Da in der Praxis überwiegend die doppelte Buchführung angewendet wird, entspricht heute im Zweifelsfall nur diese doppelte Buchhaltung den GoB.

Ein weiteres Beispiel für nicht-kodifizierte GoB enthält der § 243 Abs. 3 HGB, in dem es nur heißt, daß der Jahresabschluß „innerhalb der einem ordnungsmäßigen Geschäftsgang entsprechenden Zeit" zu erstellen ist. Nach (teilweise widersprüchlicher) steuerrechtlicher Rechtsprechung wird eine Zeit von 6 bis 7 Monaten nach dem Bilanzstichtag noch als ordnungsmäßig angesehen. Für Kapitalgesellschaften ist mit dem § 264 Abs. 1 S. 2 und S. 3 HGB dieser Zeitraum auf 3 bzw. 6 Monate beschränkt worden; der gleiche Zeitraum gilt auch für die Erstellung des Jahresabschlusses nach dem PublG (vgl. § 5 Abs. 1 PublG).

Ferner ist z. B. die Frage der Aktivierung von Leasingobjekten – in Ermangelung gesetzlicher Vorschriften – nur im Wege höchstrichterlicher Rechtsprechung bzw. BMF-Erlasse entschieden worden (vgl. u. a.: BFH-Urteil v. 26.1.1970, BStBl II, S. 264; Hilke/Zinke, Zurechnung, S. 163 ff. und Mobilien-Leasing, S. 256 ff.).

■ Nicht-kodifizierte GoB im HGB und EStG

Einen ausdrücklichen Hinweis auf derartige nicht-kodifizierte GoB enthalten u. a. die folgenden Paragraphen des HGB:

§ 238 Abs. 1 S. 1	HGB	(Buchführung/Vermögenslage),
§ 239 Abs. 4 S. 1	HGB	(Formen der Buchführung),
§ 241 Abs. 1 S. 2	HGB	(Stichproben-Inventur),
§ 241 Abs. 2	HGB	(Verzicht auf körperliche Bestandsaufnahme),
§ 241 Abs. 3 Nr. 2	HGB	(Fortschreibungs- oder Rückrechnungsverfahren),
§ 243 Abs. 1	HGB	(Aufstellung des Jahresabschlusses),
§ 256 S. 1	HGB	(Bewertungsvereinfachungs-Verfahren),
§ 257 Abs. 3	HGB	(Aufbewahrung von Unterlagen),
§ 264 Abs. 2 S. 1	HGB	(Generalnorm für Kapitalgesellschaften),
§ 322 Abs. 1	HGB	(Bestätigungsvermerk).

Zusätzlich wird auch im EStG auf die GoB verwiesen:

§ 4 Abs. 2 S. 1	EStG	(nachträgliche Änderung der Bilanz),
§ 5 Abs. 1	EStG	(Ermittlung des Betriebsvermögens),
§ 6 Abs. 1 Nr. 2	EStG	(höherer Teilwert bei land- und forstwirtschaftlichen Betrieben).

In allen genannten (und weiteren) Fällen sollen die nicht-kodifizierten GoB im Gesetz offengelassene Fragen regeln und zugleich Ermessensgrenzen setzen (vgl. Leffson, Vorschriften, S. 3 f.).

3.1.2 Bestimmungen im Handelsrecht

Für alle Kaufleute geltende und insofern allgemeine handelsrechtliche Vorschriften über Buchführung und Bilanzierung sind vor allem in den §§ 238 bis 245 HGB niedergelegt.

■ **Besondere Regelungen für einzelne Rechtsformen**

Besondere Regelungen für einzelne Rechtsformen, mit denen die allgemeinen Vorschriften ergänzt werden, finden sich derzeit:

- für die OHG in den §§ 120 bis 122 HGB,
- für die KG in den §§ 167 bis 169 HGB,
- für die AG und die KGaA in den §§ 91, 150, 152, 158, 160 und 278 Abs. 3 AktG,
- für die GmbH in den §§ 41, 42 und 71 GmbHG,
- für die Genossenschaft im § 33 GenG.

■ **Allgemeine Vorschriften**

Im einzelnen enthält das Handelsgesetzbuch insbesondere folgende Regelungen, die zu den allgemeinen Vorschriften zu zählen sind:

(1) Nach § 238 Abs. 1 HGB ist jeder Kaufmann verpflichtet, Bücher zu führen. Dabei muß die „Buchführung so beschaffen sein, daß sie einem sachverständigen Dritten innerhalb angemessener Zeit einen Überblick über die Geschäftsvorfälle und über die Lage des Unternehmens vermitteln kann" (§ 238 Abs. 1 S. 2 HGB).

(2) Von jedem abgesandten Handelsbrief muß der Kaufmann eine Kopie aufbewahren (vgl. § 238 Abs. 2 HGB).

(3) Bei der Führung der Handelsbücher muß sich der Kaufmann einer lebenden Sprache bedienen (vgl. § 239 Abs. 1 HGB). Die Buchführung muß also nicht in deutscher Sprache erfolgen; die Bücher können auch in Englisch, Japanisch oder Chinesisch geführt werden. In derartigen Fällen kann jedoch das Finanzamt eine Übersetzung verlangen (vgl. § 146 Abs. 3 S. 2 AO).

(4) „Die Eintragungen in Büchern und die sonst erforderlichen Aufzeichnungen müssen vollständig, richtig, zeitgerecht und geordnet vorgenommen werden" (§ 239 Abs. 2 HGB).

(5) Nach § 239 Abs. 3 S. 1 HGB darf eine Eintragung oder eine Aufzeichnung nicht in einer Weise verändert werden, daß der ursprüngliche Inhalt nicht mehr feststellbar ist. Auch solche Veränderungen dürfen nicht vorgenommen werden, deren Beschaffenheit es ungewiß läßt, ob sie bei der ursprünglichen Eintragung oder erst später gemacht worden sind (vgl. § 239 Abs. 3 S. 2 HGB).

(6) Die Handelsbücher und die sonst erforderlichen Aufzeichnungen können auch in der geordneten Ablage von Belegen bestehen oder auf Datenträgern geführt werden, soweit dies den GoB entspricht. Dabei muß insbesondere sichergestellt werden, daß die Daten während der Aufbewahrungsfrist verfügbar sind und jederzeit innerhalb angemessener Zeit lesbar gemacht werden können (vgl. § 239 Abs. 4 HGB).

(7) Gem. § 240 Abs. 2 HGB hat jeder Kaufmann zum Ende eines jeden Geschäftsjahres ein Inventar aufzustellen, d. h. eine listenmäßige Einzelaufstellung der bewerteten Vermögensgegenstände und der Schulden. Der Erstellung des Inventars geht grundsätzlich eine Inventur voraus. Diese körperliche Bestandsaufnahme hat die Aufgabe, die Übereinstimmung zwischen den Werten der Buchhaltung und

den effektiv vorhandenen Vermögensgegenständen bzw. Schulden nachzuweisen oder Abweichungen festzustellen. Die im Wege der Inventur festgestellten Bestände sind maßgeblich für das Inventar und damit für die Bilanz. Die Durchführung einer Inventur ist nach § 240 HGB zwingend vorgeschrieben. Bei einer mangelhaften oder fehlerhaften Inventur verliert die Buchführung und damit schließlich auch die Bilanz ihre Ordnungsmäßigkeit (vgl. Abschnitt 4).

Nach § 240 Abs. 2, Abs. 3 und Abs. 4 sowie § 241 HGB sind in Verbindung mit den GoB verschiedene Möglichkeiten der Bestandsaufnahme zulässig:

- die Stichtagsinventur
  (= Bestandsaufnahme am Bilanzstichtag),

- die ausgeweitete Stichtagsinventur
  (= körperliche Bestandsaufnahme innerhalb von 10 Tagen vor oder nach dem Bilanzstichtag; Bestandsveränderungen zwischen dem Inventurtag und dem Bilanzstichtag sind durch Belege mengenmäßig nachzuweisen),

- die vor- oder nachverlagerte Stichtagsinventur
  (= Bestandsaufnahme innerhalb der letzten drei Monate vor oder der beiden ersten Monate nach Schluß des Geschäftsjahres und wertmäßiges Fortschreibungs- oder Rückrechnungsverfahren zur Feststellung des Bestandes am Bilanzstichtag),

- die permanente Inventur
  (= Bestandsaufnahme an irgendeinem Tag des Geschäftsjahres; durch Fortschreibung im Wege einer Lagerbuchführung wird der Bestand am Bilanzstichtag rechnerisch ermittelt),

- die Führung eines laufenden Bestandsverzeichnisses
  (= Anlagekartei, verbunden mit dem Wegfall einer jährlichen Inventur).

Der Bilanzierende ist in der Wahl der Inventurmethode grundsätzlich frei. Er kann sogar verschiedene Methoden nebeneinander anwenden und beliebig kombinieren. Allerdings können auf Grund der GoB bzw. steuerrechtlicher Vorschriften insbesondere die permanente Inventur und die vor- bzw. nachverlagerte Stichtagsinventur nur unter bestimmten Voraussetzungen angewendet werden. (Vgl. auch „Buchführung – Leitlinien und Organisation" aus der Reihe "Praxis der Unternehmensführung".)

Die permanente Inventur, die vor- und nachverlagerte Stichtagsinventur sowie die „Stichprobeninventur" (vgl. § 241 Abs. 1 HGB) lassen sich als inzwischen handelsrechtlich legalisierte bzw. anerkannte Beispiele für die Bestrebungen nennen, die Inventurarbeiten zu vereinfachen, die Aufnahmezeiten zu verlagern und die Aufnahmeintervalle auszudehnen.

Vor einiger Zeit wurde nun eine Methode des ständigen Wechsels von der permanenten Inventur zur zeitlich nachverlagerten Stichtagsinventur (und umgekehrt) vorgeschlagen, mit deren Hilfe eine „Zweijahres-Inventur" des Vorratsvermögens erreicht wird, d. h., daß nur alle zwei Jahre eine Inventur durchgeführt wird (vgl. Janssen, Zweijahresinventur, S. 296 ff.). Mit Hilfe dieser Zweijahres-Inventur können die (verschiedenen) Vorratsbestände für die Erstellung von zwei aufeinander folgenden Bilanzen exakt ermittelt werden. Dies zeigt die Abbildung 9.

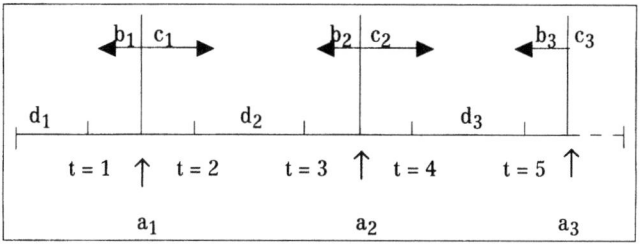

t = Bilanzstichtag
a = Inventurzeitpunkt (körperl. Bestandsaufnahme)
b = nachverlagerte Stichtagsinventur
c = permanente Inventur
d = Geschäftsjahr ohne Inventur

Abb. 9: Zweijahres-Inventur beim Vorratsvermögen

Obwohl also nur alle zwei Jahre eine körperliche Inventur durchgeführt wird, kann trotzdem – wie es § 240 Abs. 2 HGB verlangt – jedes Jahr ein Inventar erstellt werden, und zwar einmal durch Rückrechnung (nachverlagerte Stichtagsinventur) und einmal durch Fortschreibung (permanente Inventur).

(8) Mit Hilfe des Inventars hat jeder Kaufmann zu Beginn seines Handelsgewerbes und dann am Ende eines jeden Geschäftsjahres eine (Bestände-)Bilanz aufzustellen, d. h. eine kontenmäßige Darstellung von Vermögen und Schulden mit Sammelposten (vgl. § 242 Abs. 1 HGB). Außerdem muß er für den Schluß eines jeden Geschäftsjahres eine Gewinn- und Verlustrechnung erstellen (vgl. § 242 Abs. 2 HGB).

(9) Gem. § 243 Abs. 1 HGB sind Bestände-Bilanz und Gewinn- und Verlustrechnung nach den Grundsätzen ordnungsmäßiger Buchführung aufzustellen.

(10) In § 243 Abs. 2 HGB wird für den Jahresabschluß gefordert: „Er muß klar und übersichtlich sein." Hiermit wird der sog. „Grundsatz der Bilanzklarheit" formuliert. Im Zusammenhang mit diesem Grundsatz der Bilanzklarheit erscheint uns zunächst folgender Hinweis wichtig: Den Maßstab dafür, ob ein Jahresabschluß klar (und übersichtlich) ist, bildet nicht das ‚Fräulein Müller', das keine Kenntnisse von Buchführung und Bilanzierung besitzt. Vielmehr muß der Jahresabschluß, wie es in § 238 Abs. 1 S. 2 HGB und in § 145 Abs. 1 AO heißt, „einem sachverständigen Dritten" innerhalb angemessener Zeit einen Überblick über die Lage des Unternehmens vermitteln können.

Dazu verlangt der Grundsatz der Bilanzklarheit:

– eine klare Bezeichnung und scharf umrissene inhaltliche Bestimmung der Bilanzpositionen; dabei können durchaus „eigene Bilanzposten" von der bilanzierenden Unternehmung gebildet werden, wenn ihr Inhalt nicht von einem vorgeschriebenen Posten abgedeckt wird (vgl. § 265 Abs. 5 S. 2 HGB); erinnert sei beispielsweise an einen Posten „Risikovorsorgen für Tochter- und Beteiligungsgesellschaften" im Jahresabschluß der Salzgitter AG (Geschäftsbericht 1972/73, S. 51 f.);

– eine klare Gliederung von Beständebilanz und Gewinn- und Verlustrechnung; für Kapitalgesellschaften sind diese Gliederungsvorschriften vor allem in den §§ 265 und 266 sowie §§ 275 und 276 HGB formuliert; auch von diesen Gliederungen kann, wenn es der Klarheit der Darstellung dient, abgewichen werden, so z. B. durch Schaffung zusätzlicher Posten – wie etwa für „Vermietete Erzeugnisse" im Jahresabschluß des Siemens Konzerns (Geschäftsbericht 1988, S. 49);

– die Übersichtlichkeit des Jahresabschlusses; dabei stehen Klarheit und Übersichtlichkeit in einem Spannungsverhältnis zueinander, weil einerseits eine sehr weitgehende Untergliederung der Bilanzpositionen zwar die Klarheit erhöhen, jedoch die Übersichtlichkeit vermindern kann, wie andererseits durch Zusammenfassung von Bilanzpositionen zwar die Übersichtlichkeit verbessert, die Klarheit jedoch verschlechtert werden kann; aus diesem Blickwinkel sind die „Ausweiswahlrechte" nach § 265 Abs. 5 und Abs. 7 HGB ebenso verständlich wie das noch zu behandelnde „Brutto-Prinzip" (Verrechnungsverbot) in § 246 Abs. 2 HGB.

(11) § 244 HGB schreibt erstmals vor, daß der Jahresabschluß in deutscher Sprache aufzustellen ist. Im Unterschied zur Buchführung, bei der sich der Kaufmann – wie oben ausgeführt – jeder lebenden Sprache bedienen darf, muß er für den Jahresabschluß – und über § 242 Abs. 1 S. 2 HGB auch für die Eröffnungsbilanz – die deutsche Sprache verwenden. Diese Vorschrift ist für alle Unternehmen verbindlich, auch für deutsche Tochtergesellschaften ausländischer Unternehmen.

(12) Außerdem verlangt § 244 HGB, daß der Jahresabschluß (und die Eröffnungsbilanz) in Deutscher Mark aufzustellen ist.

(13) Der bilanzierende Unternehmer hat die Bilanz eigenhändig zu unterschreiben (vgl. § 245 HGB). Mit dieser Unterschrift übernimmt er die Verantwortung, d. h., er bestätigt, daß er die Bilanz nach bestem Wissen und Gewissen aufgestellt hat.

(14) Die Kaufleute sind verpflichtet, ihre Handelsbücher sowie Inventare und Jahresabschlüsse 10 Jahre, empfangene Handelsbriefe und Abschriften der abgesandten Handelsbriefe sowie Buchungsbelege 6 Jahre lang aufzubewahren (§ 257 Abs. 4 HGB; § 147 Abs. 3 AO). Die Aufbewahrungsfrist beginnt mit dem Schluß des Kalenderjahres, in dem die letzte Eintragung in das Handelsbuch gemacht, das Inventar aufgestellt, die Bilanz festgestellt, der Handels- oder Geschäftsbrief empfangen oder abgesandt oder

der Buchungsbeleg entstanden ist (vgl. § 257 Abs. 5 HGB und § 147 Abs. 4 AO).

3.1.3 Bestimmungen im Steuerrecht

Wie das Handelsrecht, so verlangt das Steuerrecht ebenfalls, für die Zwecke der Besteuerung ordnungsgemäß Bücher zu führen und Abschlüsse zu erstellen. Nach § 140 AO hat jeder, der „nach anderen Gesetzen als den Steuergesetzen Bücher und Aufzeichnungen zu führen hat, die für die Besteuerung von Bedeutung sind, die Verpflichtungen, die ihm nach den anderen Gesetzen obliegen, auch im Interesse der Besteuerung zu erfüllen".

Außerdem gilt für andere Personen oder Unternehmen, die nach handelsrechtlichen Bestimmungen einer Buchführungspflicht nicht unterliegen: Auch sie sind nach § 141 Abs. 1 AO dann verpflichtet, Bücher zu führen und auf Grund jährlicher Bestandsaufnahmen Abschlüsse zu machen, wenn sie bei der letzten Veranlagung entweder

- einen Gesamtumsatz (einschl. der steuerfreien Umsätze) von mehr als 500.000,- DM oder

- ein Betriebsvermögen von mehr als 125.000,- DM oder

- selbstbewirtschaftete land- und forstwirtschaftliche Flächen mit einem Wirtschaftswert (§ 46 des Bewertungsgesetzes) von mehr als 40.000,- DM oder

- einen Gewinn aus Gewerbebetrieb von mehr als 36.000,- DM im Wirtschaftsjahr oder

- einen Gewinn aus Land- und Forstwirtschaft von mehr als 36.000,- DM im Kalenderjahr gehabt haben. Form und Inhalt der Bücher und Aufzeichnungen sind in den §§ 143 ff. AO festgelegt; allgemeine Ordnungsvorschriften für die Buchführung finden sich insbesondere in § 146 AO. Die Pflichten zur Aufbewahrung von Unterlagen regelt – wie bereits erwähnt – § 147 AO.

Außerdem enthält das Steuerrecht zusätzlich bestimmte Aufzeichnungspflichten (z. B. für Land- und Forstwirte in § 142 AO) und Sondervorschriften für einzelne Arten von Gewerbetreibenden.

3.2 Ansatzvorschriften (§§ 246 ff. HGB)

3.2.1 Grundsatz der Bilanzwahrheit in bezug auf die „Vollständigkeit" (§ 246 Abs. 1 HGB)

Das sog. „Vollständigkeitsprinzip" – bisher nur ableitbar aus § 40 Abs. 2 des alten HGB – ist jetzt in § 246 Abs. 1 HGB ausdrücklich formuliert: „Der Jahresabschluß hat sämtliche

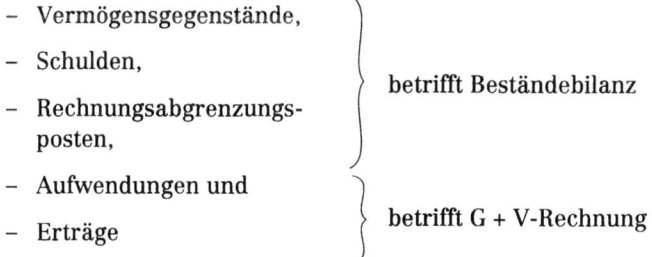

- Vermögensgegenstände,
- Schulden,
- Rechnungsabgrenzungsposten,

} betrifft Beständebilanz

- Aufwendungen und
- Erträge

} betrifft G + V-Rechnung

zu enthalten, soweit gesetzlich nichts anderes bestimmt ist".

Bei dieser Formulierung fällt zunächst auf, daß die Aufzählung keineswegs vollständig ist; so wird z. B. das „Eigenkapital" überhaupt nicht erwähnt.

Ferner ist zu beachten, daß auch im neuen HGB keine grundsätzlichen Regelungen zur Bilanzierungsfähigkeit und Bilanzierungspflicht enthalten sind, d. h. Regelungen, die bestimmen, unter welchen Voraussetzungen ein Wirtschaftsgut bilanzierungsfähig bzw. -pflichtig ist. Es finden sich lediglich „einige Einzelvorschriften, die ein Bilanzierungs-(wahl)recht oder -verbot aussprechen. Auch hier kommt den GoB die Aufgabe zu, fehlende Rechtsvorschriften zu ersetzen" (Heinen, Handelsbilanzen, S. 165). Danach sind grundsätzlich sämtliche dem Unternehmen – und nicht der Privatsphäre – zuzurechnenden Vermögensgegenstände und Kapitalbeträge in der Bilanz auszuweisen.

Es kommt bei den Vermögensgegenständen jedoch nicht auf das juristische Eigentum, sondern auf die wirtschaftliche Zugehörigkeit (auf das wirtschaftliche Eigentum) an. So werden beispielsweise unter Eigentumsvorbehalt empfangene Gegenstände aktiviert und eventuelle Verbindlichkeiten hieraus passiviert. Sonderprobleme ergeben sich bei der Bilanzierung von Leasing-Objekten (vgl. hierzu u. a. Hilke/Zinke, S. 164 ff.).

Die Einschränkung „soweit gesetzlich nichts anderes bestimmt ist" (§ 246 Abs. 1 HGB) weist schließlich bereits darauf hin, daß die Bilanzwahrheit in bezug auf die Vollständigkeit nur eine „relative" Wahrheit ist. Denn die „Vollständigkeit" wird relativiert durch

■ Bilanzierungsverbote (vgl. § 248 HGB) und

■ „Bilanzierungswahlrechte",

die es dem Bilanzierenden überlassen, ob er sich bei bestimmten Wirtschaftsgütern für oder gegen eine Bilanzierung entscheiden will; unabhängig davon, wie er sich entscheidet, ist die Bilanz „vollständig". Zu den zahlreichen Bilanzierungswahlrechten nach deutschem Handels- und Steuerrecht sei auf Band 2 Abschnitt 1 verwiesen.

3.2.2 Das „Brutto-Prinzip" (Verrechnungsverbot; § 246 Abs. 2 HGB)

Das bisher schon geltende „Brutto-Prinzip" (vgl. § 152 Abs. 8 AktG 1965) ist als „Verrechnungsverbot" in § 246 Abs. 2 HGB übernommen worden: „Posten der Aktivseite dürfen nicht mit Posten der Passivseite, Aufwendungen nicht mit Erträgen, Grundstücksrechte nicht mit Grundstückslasten verrechnet werden."

Dieses Brutto-Prinzip bzw. Verrechnungsverbot kann sowohl mit dem Grundsatz der Bilanzklarheit als auch mit dem Prinzip der Bilanzwahrheit in bezug auf die Gliederung begründet werden.

Umso bemerkenswerter erscheint es, daß eine offene Absetzung der „erhaltenen Anzahlungen" von der Position „Vorräte", wie sie von Siemens schon seit einigen Jahren praktiziert wird, dem Brutto-Prinzip nicht zu widersprechen scheint, obwohl durch eine derartige Bilanzierungspraxis das insgesamt in der Unternehmung arbeitende Fremdkapital und damit die Bilanzsumme zu niedrig ausgewiesen werden (bei Siemens AG machte diese „Verkürzung" 1988 immerhin einen Betrag von rd. 13,4 Mrd. DM bei einer ausgewiesenen Bilanzsumme von rd. 45,5 Mrd. DM aus; im Siemens-Konzern waren es sogar 15,8 Mrd. DM bei 59,6 Mrd. DM Bilanzsumme).

Eine derartige „offene Verrechnung" wird in Zukunft generell erlaubt, denn es heißt in § 268 Abs. 5 Satz 2 HGB: „Erhaltene Anzahlungen auf Bestellungen sind, soweit Anzahlungen auf

Vorräte nicht von dem Posten „Vorräte" offen abgesetzt werden, unter den Verbindlichkeiten gesondert auszuweisen."

3.2.3 Inhalt der Beständebilanz (§ 247 HGB)

§ 247 enthält folgende Ansatzvorschriften:

- **Gesonderter Ausweis** von
  - Anlagevermögen,
  - Umlaufvermögen,
  - Eigenkapital,
  - Schulden sowie
  - Rechnungsabgrenzungsposten

  und „hinreichende" Aufgliederung dieser Bilanzposten (§ 247 Abs. 1 HGB). Was unter „hinreichender Aufgliederung" zu verstehen ist, wird in § 266 HGB zumindest für Kapitalgesellschaften spezifiziert, und zwar abgestuft nach den Größenklassen, denen die Kapitalgesellschaften zuzurechnen sind.

- Beim **Anlagevermögen** dürfen nur solche Gegenstände ausgewiesen werden, „die bestimmt sind, dauernd dem Geschäftsbetrieb zu dienen" (§ 247 Abs. 2 HGB).

- **Bilanzierungswahlrechte für „Passivposten**, die für Zwecke der Steuern vom Einkommen und vom Ertrag zulässig sind", und zwar eigentlich nur in der Steuerbilanz. Derartige Passivposten dürfen aber auch in der Handelsbilanz gebildet werden und sind in diesem Falle als „Sonderposten mit Rücklageanteil" (gesondert) auszuweisen (vgl. § 247 Abs. 3 HGB). Die Einräumung dieser Bilanzierungswahlrechte wird nur vor dem Hintergrund des sog. „Maßgeblichkeitsprinzips der Handelsbilanz für die Steuerbilanz" verständlich; es ist deshalb später darauf zurückzukommen (vgl. Abschnitt 3.5).

3.2.4 Bilanzierungsverbote (§ 248 HGB)

§ 248 HGB nennt ausdrücklich drei Bilanzierungsverbote, und zwar für

- **Aufwendungen für die Gründung** des Unternehmens (vgl. § 248 Abs. 1 HGB); zu diesen „Gründungskosten" zählen: Gebühren für die Eintragung im Handelsregister, Rechtsanwalts- und Notarkosten für den Gesellschaftsvertrag, Gründerentschädigungen. Derartige Aufwendungen gehören nicht zu den „Vermögensgegenständen" und sind deshalb nicht bilanzierungsfähig (vgl. Glade, S. 472 f.).

- **Aufwendungen für die Beschaffung des Eigenkapitals** (vgl. § 248 Abs. 1 HGB), also für Gesellschaftsteuer bei Kapitalgesellschaften, Kosten für den Druck von Prospekten und Aktienurkunden einer AG.

- **immaterielle Vermögensgegenstände** des Anlagevermögens, die nicht entgeltlich von Dritten (!) erworben wurden (vgl. § 248 Abs. 2 HGB); unter dieses Bilanzierungsverbot fallen (vgl. Glade, S. 475):

  - alle eigenen Aufwendungen für Forschung und Entwicklung;
  - selbst erstellte Patente, Warenzeichen, Gebrauchsmuster u. ä. gewerbliche Schutzrechte (z. B. Marken, Urheber- und Verlagsrechte);
  - unentgeltlich zugeteilte Konzessionen, Gewerbegenehmigungen u. ä. (z. B. Güterfernverkehrskonzessionen, Brenn- und Braurechte, Mineralgewinnungsrechte);
  - sonstige selbstgeschaffene immaterielle Werte, z. B. Know-how, Geheimverfahren, Rezepte, Software;
  - ein selbstgeschaffener Geschäfts- oder Firmenwert (infolge von Kundenstamm, Geschäftsbeziehungen, Standort, Facharbeiterstamm, Organisation, Ruf der Unternehmung).

Als Begründung für derartige Bilanzierungsverbote ist zu nennen: Es entspricht den GoB, daß aus Gründen der Vorsicht (siehe: „Vorsichtsprinzip") solche immateriellen Güter, deren Werte nicht objektiv und nachprüfbar bestimmt werden können, weil ein Urteil des Marktes (noch) aussteht, nicht aktiviert werden dürfen.

Hieraus folgt zugleich: Im Gegensatz zu den körperlichen (materiellen) Gegenständen, z. B. selbsterstellten Anlagen, genügt es für die Aktivierung von immateriellen Anlagegütern demnach nicht, daß den Unternehmen Aufwendungen dafür entstanden sind. Vielmehr setzt eine Aktivierung von immateriellen Anlagewerten voraus, daß sie entgeltlich, d. h. von einem Dritten erworben wurden. Liegt ein entgeltlicher Erwerb vor, so müssen derartige immaterielle Gegenstände des Anlagevermögens aktiviert werden (= Bilanzierungspflicht, abgeleitet aus dem Vollständigkeitsgebot des § 246 Abs. 1 HGB). Wurde hingegen der immaterielle Anlagewert nicht entgeltlich von einem Dritten erworben, sondern selbst geschaffen, so greift das Bilanzierungsverbot des § 248 Abs. 2 HGB.

3.2.5 Pflichten und Wahlrechte zur Bildung von Rückstellungen (§ 249 HGB)

Nach § 249 Abs. 1 HGB müssen folgende Rückstellungen gebildet werden:

- **Rückstellungen für ungewisse Verbindlichkeiten**
  Sie setzen begrifflich entweder das Bestehen einer Verbindlichkeit voraus, also eine Verpflichtung des Unternehmens zu einer (geldlichen oder sonstigen geldwerten) Leistung; dann kann sich die Ungewißheit nur beziehen auf die Höhe der Verbindlichkeit. Oder aber die Ungewißheit betrifft – neben der Höhe – das Bestehen oder Entstehen einer Verbindlichkeit; die Passivierungspflicht setzt in einem solchen Fall voraus, daß

  - eine Verpflichtung bei sorgfältiger Abwägung aller bekannten Umstände nicht verneint werden kann und
  - „die Verpflichtung vor dem Abschlußstichtag wirtschaftlich verursacht wurde" (Glade, S. 495); es ist somit nicht erforderlich, daß die Verpflichtung bereits vor dem Bilanzstichtag rechtlich entstanden ist; „verursacht" heißt lediglich, daß der Tatbestand (z. B. eine Patentverletzung oder Pensionszusage), an den sich eine Verpflichtung knüpfen kann, verwirklicht sein muß.

  Derartige Rückstellungen für ungewisse Verbindlichkeiten können beispielsweise erforderlich sein für:

  - Abschluß-, Prüfungs- und Beratungskosten,
  - Ausgleichsverpflichtungen an Handelsvertreter,
  - Provisionsverpflichtungen,

- Prozeßrisiken (-kosten),
- Pensionsverpflichtungen (für Neu-Zusagen).

■ Rückstellungen für drohende Verluste aus schwebenden Geschäften

Unter schwebenden Geschäften werden „nur zivilrechtlich vereinbarte, jedoch noch von keiner Seite erfüllte, gegenseitig verpflichtende Verträge verstanden" (Glade, S. 503). Wenn aus derartigen Verträgen evtl. Verluste auch nur drohen – also noch nicht realisiert sind! –, müssen (als besonderer Ausdruck des sog. Imparitätsprinzips) für derartige mögliche Verluste bereits Rückstellungen gebildet werden.

Derartige drohende Verluste können auftreten bei

- Anschaffungsgeschäften,
  wenn z. B. der Marktpreis der bestellten Güter auf dem Beschaffungsmarkt am Bilanzstichtag niedriger ist als der Kontraktpreis; Rückstellungsbetrag ist dann der drohende „Einkaufsverlust" (vgl. Glade, S. 509);

- Veräußerungsgeschäften,
  wenn bei Handelsgeschäften die Anschaffungskosten einen vereinbarten, niedrigeren Verkaufspreis übersteigen oder wenn bei selbst erstellten Erzeugnissen die Herstellungskosten bzw. Selbstkosten höher sind als der voraussichtliche Erlös. Dabei ist zu beachten: „Ein drohender Verlust muß auch dann bereits bilanziert werden, wenn vor dem Bilanzstichtag mit der Fertigung der zu liefernden Gegenstände noch nicht begonnen worden ist, wenn also Kosten noch nicht angefallen sind" (Glade, S. 511). Diese Auffassung läßt sich damit begründen, daß der „Verlust" bereits in diesem Geschäftsjahr als „wirtschaftlich verursacht" anzusehen ist, weil in diesem Geschäftsjahr der ungünstige Vertrag abgeschlossen wurde.

■ Rückstellung für unterlassene Instandhaltung

Aus dem Gesetzes-Wortlaut (vgl. § 249 Abs. 1 S. 2 Nr. 1 HGB) ist zu entnehmen, daß drei Voraussetzungen erfüllt sein müssen, damit die Pflicht zur Bildung derartiger Rückstellungen in der Handelsbilanz besteht:

- Es muß ein unterlassener Aufwand vorliegen, d. h., für die Durchführung der Instandhaltung muß eine Notwendigkeit bestanden haben; die eigentlich notwendige Reparatur konnte jedoch aus irgendwelchen technischen, finanziellen oder sonstigen Gründen im abzuschließenden Geschäftsjahr nicht durchgeführt werden.

- Der Aufwand muß im abzuschließenden Geschäftsjahr unterlassen worden sein. Dabei ist es unerheblich, ob die Instandhaltung eigentlich am Anfang, in der Mitte oder am Ende dieses Geschäftsjahres erforderlich gewesen wäre, aber eben unterlassen wurde. Verboten ist es hingegen, eine Rückstellung für Instandhaltungen zu bilden, die bereits in früheren Geschäftsjahren hätten vorgenommen werden müssen (= Verbot der Nachholung unterlassener Instandhaltungs-Rückstellungen).

- Die unterlassenen Instandhaltungsarbeiten müssen in den ersten drei Monaten des folgenden Geschäftsjahres nachgeholt werden. Ob diese Voraussetzung erfüllt wird, ist zum Zeitpunkt der Erstellung des Jahresabschlusses i. d. R. bekannt, da der Jahresabschluß meist auch erst am Ende dieses Zeitraumes (oder, soweit zulässig, sogar später) im neuen Geschäftsjahr erstellt wird.

Nur dann, wenn alle drei Voraussetzungen gemeinsam vorliegen, besteht eine Passivierungspflicht für derartige Instandhaltungs-Rückstellungen, und zwar für alle Unternehmen, d. h. unabhängig von der Rechtsform und der jeweiligen Größe des bilanzierenden Unternehmens.

■ **Rückstellungen für unterlassene Abraumbeseitigung**

Nach § 249 Abs. 1 S. 2 Nr. 1 HGB sind (= Pflicht) Rückstellungen außerdem zu bilden für im Geschäftsjahr unterlassene Aufwendungen für Abraumbeseitigung. Wie bei den zuvor behandelten Instandhaltungs-Rückstellungen muß es sich auch hier um im abzuschließenden Geschäftsjahr unterlassene Aufwendungen handeln; allerdings hat der Bilanzierende die gesamten 12 Monate des folgenden Geschäftsjahres Zeit, um die Abraumbeseitigung nachzuholen.

■ **Rückstellungen für Kulanzleistungen**

Die Definition nach § 249 Abs. 1 S. 2 Nr. 2 HGB lautet: „Rückstellungen für Gewährleistungen, die ohne rechtliche Verpflichtung erbracht werden".

Zunächst einmal muß zwischen sog. „Garantieleistungen" und sog. „Kulanzleistungen" unterschieden werden.

„Garantieleistungen" sind solche Leistungen, zu denen das Unternehmen aufgrund gesetzlicher Vorschriften oder vertraglicher Vereinbarungen verpflichtet ist, weil es damit die zeitlich befristete Garantie übernommen hat, daß die gelieferten Güter oder erstellen Leistungen „die zugesicherten Eigenschaften haben und behalten oder daß innerhalb dieser Zeit auftretende Mängel beseitigt werden" (Wöhe, Bilanzierung, S. 581). Für Rückstellungen aus derartigen „Garantieverpflichtungen" besteht eine Passivierungspflicht nach § 249 Abs. 1 HGB (im Sinne von Rückstellungen für ungewisse Verbindlichkeiten).

„Kulanzleistungen" hingegen sind Gewährleistungen, die ohne rechtliche Verpflichtung vom Unternehmen erbracht werden. Rückstellungen für derartige „Kulanzleistungen" kommen in der Handelsbilanz dann in Betracht, wenn nach dem Bilanzstichtag Aufwendungen entstehen können, auf die der Empfänger an sich keinen Anspruch hat, die aber der Behebung eines Fehlers oder sonstigen Mangels einer früheren, vor dem Bilanzstichtag erbrachten Lieferung oder Leistung dienen. Die betriebswirtschaftliche Rechtfertigung dieser Rückstellung liegt darin, durch die Bildung der Rückstellung den mit der Kulanzleistung verbundenen Aufwand möglichst derjenigen Periode zuzurechnen, in der der Ertrag vereinnahmt wurde.

Nach § 249 Abs. 1 S. 2 Nr. 2 HGB besteht für Rückstellungen für Kulanzleistungen eine Passivierungspflicht in der Handelsbilanz.

■ **Passivierungswahlrechte für Rückstellungen**

Nachdem bisher die 5 Rückstellungsgruppen behandelt wurden, für die nach § 249 Abs. 1 HGB eine Passivierungspflicht besteht, ist an dieser Stelle bereits auf folgendes schon kurz hinzuweisen: Es gibt zusätzlich auch Passivierungswahlrechte für Rückstellungen; d. h., bestimmte Rückstellungen dürfen, müssen aber nicht gebildet werden. Dabei handelt es sich um

- Rückstellungen für unterlassene Aufwendungen für Instandhaltung, wenn die Instandhaltung im 4. bis 12. Monat des folgenden Geschäftsjahres nachgeholt wird (§ 249 Abs. 1 S. 3 HGB) und

sog. „Aufwandsrückstellungen" gem. § 249 Abs. 2 HGB.

Auf diese beiden Passivierungswahlrechte wird im Zusammenhang mit den „Bilanzierungswahlrechten" noch zurückzukommen sein (vgl. Band 2 Abschnitt 1).

Abschließend stellt § 249 Abs. 3 HGB klar, daß für andere als die in den Abs. 1 und 2 von § 249 HGB genannten Zwecke weitere Rückstellungen nicht gebildet werden dürfen und Rückstellungen nur aufgelöst werden dürfen, soweit der Grund hierfür entfallen ist.

3.2.6 Rechnungsabgrenzungsposten (§ 250 HGB)

Rechnungsabgrenzungsposten (RAP) dienen allgemein dem Zweck, die periodengerechte Gewinnermittlung zu verbessern. Deshalb müssen (= Pflicht) verschiedene Rechnungsabgrenzungsposten gebildet werden, und zwar

- **Rechnungsabgrenzungsposten auf der Aktivseite** für Ausgaben vor dem Abschlußstichtag, die Aufwand für eine bestimmte Zeit nach dem Bilanzstichtag darstellen (vgl. § 250 Abs. 1 S. 1 HGB); hierzu zählen z. B. Vorauszahlungen für Mieten, Versicherungen, Steuern und Beiträge;

- **Rechnungsabgrenzungsposten auf der Passivseite** für Einnahmen vor dem Abschlußstichtag, die Erträge für eine bestimmte Zeit nach dem Bilanzstichtag darstellen (vgl. § 250 Abs. 2 HGB); als Beispiele hierfür lassen sich nennen: Einnahmen aus Wartungsverträgen, die über den Bilanzstichtag hinausgehen, Baukostenzuschüsse an Versorgungsunternehmen oder Entschädigungen für eine Ferngasleitung (vgl. Glade, S. 568 f.).

Dabei ist zu beachten, daß das oben beschriebene „Brutto-Prinzip" des § 246 Abs. 2 HGB auch für die Rechnungsabgrenzungen gilt, so daß aktive und passive Rechnungsposten nicht gegeneinander verrechnet, d. h. nicht saldiert ausgewiesen werden dürfen.

- **(Aktivierungs-)Wahlrechte für Rechnungsabgrenzungsposten**

Neben den genannten Bilanzierungspflichten für aktive und passive Rechnungsabgrenzungsposten gibt es allerdings auch (Aktivierungs-)Wahlrechte für drei Rechnungsabgrenzungsposten, nämlich für

- als Aufwand berücksichtigte Zölle und Verbrauchsteuern, soweit sie auf am Abschlußstichtag auszuweisende Vermögensgegenstände des Vorratsvermögens entfallen (vgl. § 250 Abs. 1 S. 2 Nr. 1 HGB);
- als Aufwand berücksichtigte Umsatzsteuer auf am Abschlußstichtag auszuweisende Anzahlungen (vgl. § 250 Abs. 1 S. 2 Nr. 2 HGB);
- das sog. „Disagio" nach § 250 Abs. 3 HGB.

Wegen seiner Bedeutung für die Bilanzpolitik wird auf das „Disagio" bei den „Bilanzierungswahlrechten" noch näher eingegangen (vgl. Band 2 Abschnitt 1).

3.2.7 Haftungsverhältnisse (§ 251 HGB)

Als sog. „Eventualverbindlichkeiten" sind „unter dem Strich" (= unter der Bilanz) auszuweisen: „Verbindlichkeiten aus der Begebung und Übertragung von Wechseln, aus Bürgschaften, Wechsel- und Scheckbürgschaften und aus Gewährleistungsverträgen sowie Haftungsverhältnisse aus der Bestellung von Sicherheiten für fremde Verbindlichkeiten; sie dürfen in einem Betrag angegeben werden" (§ 251 HGB).

Zum Abschluß unserer Ausführungen über die sog. „Ansatzvorschriften" der §§ 246 bis 251 HGB ist festzuhalten: Diese Vorschriften beinhalten fast ausschließlich formale Regelungen zum Inhalt und zur äußeren Form des Jahresabschlusses – nämlich das „Vollständigkeitsgebot", das durch einige „Bilanzierungsverbote" relativiert wird, das „Bruttoprinzip" und die Forderung, zumindest bestimmte Posten in Bestände-Bilanz und Gewinn- und Verlustrechnung gesondert auszuweisen, sowie die Verpflichtung zur Bildung verschiedener Rückstellungen und Rechnungsabgrenzungsposten.

Hingegen enthalten diese Ansatzvorschriften keine materiellen Regelungen, die den Wertansatz der einzelnen Positionen des Jahresabschlusses betreffen. Gerade die „Bewertung" ist aber als das Kernproblem jeglicher Bilanzierung anzusehen. Dies mögen die folgenden Ausführungen verdeutlichen.

3.3 Bilanzierung als Bewertungsproblem

Die Erstellung einer Bilanz ist in erster Linie ein Bewertungsproblem. Denn „bewerten" bedeutet allgemein, „einem Gut einen Geldbetrag zuzuordnen, dessen Wert dem Wert des Gutes äquivalent ist" (Jacob, Wert, S. 3). Und gerade diesen Vorgang, den Wert eines Wirtschaftsgutes in Geldeinheiten (z. B. in DM) auszudrücken, muß der Bilanzierende bei den Vermögensgegenständen und Schulden, die er in seine Bilanz aufnehmen will, anläßlich der Bilanzerstellung durchführen.

Dazu muß er den jeweiligen „Wert" der einzelnen Wirtschaftsgüter ermitteln. Dabei resultiert jeglicher Wert aus einer Subjekt-Objekt-Beziehung. Das Subjekt ist stets ein Mensch, hier: der Bilanzierende; das Objekt kann entweder ein materielles Wirtschaftsgut (z. B. ein Grundstück, ein Gebäude, eine Maschine oder ein bestimmtes Material) oder aber ein immaterielles Wirtschaftsgut (z. B. ein Patent, eine Forderung oder eine Verbindlichkeit) sein. Die Beziehung besteht darin, daß das Objekt für das Subjekt nützlich und daher „wertvoll" sein kann. Deshalb beruht der Wert eines Objektes allein auf dem Nutzen, den das Objekt für das bewertende Subjekt zu stiften vermag.

Als Ausdruck einer derartigen Subjekt-Objekt-Beziehung ist und bleibt jeder Wert letztlich ein subjektiver Wert. Denn „der Wert einer Sache ... ist keine dieser Sache ... anhaftende Eigenschaft, wie z. B. das Gewicht, das Volumen usw., auch kein Tatbestand, der von jedem beliebigen Betrachter in gleicher Weise festgestellt und registriert werden kann, sondern die Auffassung eines Subjektes über die Nützlichkeit eines Objektes, d. h. über seine Tauglichkeit, ein bestimmtes Bedürfnis zu befriedigen" (Jacob, Wert, S. 3). Demzufolge werden verschiedene Subjekte demselben Objekt in einem bestimmten Zeitpunkt (z. B. dem der Bilanzaufstellung) unterschiedliche Werte beilegen.

„Objektive" – im Sinne von: durch jedermann in gleicher Höhe beigelegte – Werte sind also nicht vorhanden. Hieraus resultiert das für den Gesetzgeber unlösbare Problem, dem Bilanzierenden für die Erstellung der Bilanz eindeutige Wertansätze vorzugeben:

Auch eine noch so große Fülle von gesetzlichen Vorschriften kann das Bewertungsproblem nicht beseitigen. Vielmehr kann durch gesetzliche Bestimmungen lediglich versucht werden, den Bewertungsspielraum einzugrenzen. So kann dem Bilanzierenden gesetzlich zwar vorgeschrieben werden, welche Gesichtspunkte er bei seiner Wertfindung (Bewertung) zu beachten hat; daraus folgt jedoch niemals ein konkreter, eindeutiger Wert für ein bestimmtes Wirtschaftsgut.

Halten wir deshalb fest: Bei der Bilanzierung verbleibt bereits zwangsläufig ein mehr oder weniger großer Bewertungsspielraum. Zum anderen wird dieser Spielraum durch verschiedene Wahlrechte, die der Gesetzgeber dem Bilanzaufsteller gewährt, sogar noch erweitert. Gerade dieser Spielraum ist es, der es dem Bilanzierenden ermöglicht, Bilanzpolitik zu betreiben.

3.4 Allgemeine Bewertungsgrundsätze (§§ 252 ff. HGB)

Die allgemeinen, d. h. rechtsform- und größenunabhängigen Bewertungsgrundsätze sind in § 252 HGB zusammengefaßt. In engem Zusammenhang damit steht das „Anschaffungswert-Prinzip" des § 253 Abs. 1 HGB, das deshalb in diesem Abschnitt 3.4 mit behandelt werden soll.

3.4.1 Grundsatz der Bilanzidentität

Der Grundsatz der Bilanzidentität verlangt, daß die Eröffnungsbilanz eines Geschäftsjahres identisch ist mit der Schlußbilanz des vorangegangenen Jahres.

Dieser Grundsatz galt bisher schon, und zwar als Bestandteil der GoB. Jetzt ist er in § 252 Abs. 1 Nr. 1 HGB ausdrücklich kodifiziert worden: „Die Wertansätze in der Eröffnungsbilanz des Geschäftsjahres müssen mit denen der Schlußbilanz des vorhergehenden Geschäftsjahres übereinstimmen".

Diese Bilanzidentität „hat zur Folge, daß jede Bilanz zweischneidig ist. Unter- bzw. Überbewertungen in der laufenden Periode führen in dieser Periode zu einem niedrigeren bzw. höheren Gewinnausweis, werden aber in späteren Perioden durch entgegengesetzte Erfolgswirkungen wieder neutralisiert" (Biergans, S. 146).

Von dem Grundsatz der Bilanzidentität darf nach § 252 Abs. 2 HGB „nur in begründeten Ausnahmefällen abgewichen werden", also z. B.

- im Falle einer Währungsreform (z. B. 1948);

- beim Übergang von altem auf neues Bilanzrecht, also vor allem 1987; dies ergibt sich aus Artikel 24 EGHGB.

3.4.2 Going-concern-Prinzip

Nach § 252 Abs. 1 Nr. 2 HGB ist bei der Bewertung grundsätzlich von der Fortführung der Unternehmenstätigkeit auszugehen. „Damit ist erstmalig in einer handelsrechtlichen Rechnungslegungsvorschrift das 'Going-Concern-Prinzip' ausdrücklich festgelegt worden" (Glade, S. 589). Jedoch wurde dieser Gedanke, grundsätzlich eine Fortführung des Unternehmens zu unterstellen, bei der Bewertung in der Handelsbilanz auch bisher schon - d. h. ohne ausdrückliche Kodifizierung - weitgehend beachtet; d. h., es wurden in der Handelsbilanz i. d. R. keine Liquidationswerte angesetzt.

Für die Bewertung in der Steuerbilanz war dieses Prinzip der Unternehmensfortführung (Going-concern-Prinzip) bereits viel früher in das Steuerrecht aufgenommen worden (vgl. etwa § 139 Abs. 1 AO 1919 oder § 19 Abs. 1 S. 2 EStG 1925) und dafür der Begriff des „Teilwertes" geprägt worden. Für seine Ermittlung ist nach § 6 Abs. 1 Nr. 1 S. 3 EStG davon auszugehen, daß der (fiktive) Erwerber den Betrieb fortführt.

Das Going-concern-Prinzip gilt für alle bilanzierungspflichtigen Unternehmen. Es läßt sich mit folgender allgemeiner Erfahrungstatsache begründen: Der Wert eines Vermögensgegenstandes hängt entscheidend davon ab, ob der Gegenstand zu einem funktionsfähigen Unternehmen gehört, das fortgeführt werden soll, oder aber zu einem Unternehmen, das bald eingestellt oder - z. B. wegen Konkurses - „zerschlagen" werden soll, so daß ein Einzelveräußerungspreis bzw. ein Liquidationswert als Zerschlagungswert festgestellt werden müßte. Von der Fortführung der Unternehmenstätigkeit ist bei der Bewertung so lange auszugehen, wie „dem nicht tatsächliche oder rechtliche Gegebenheiten entgegenstehen" (§ 252 Abs. 1 Nr. 2 HGB). Derartige „tatsächliche Gegebenheiten" können sein:

- freiwilliger Beschluß, das Unternehmen oder Teile davon (z. B. einen Zweigbetrieb oder eine Produktionssparte) einzustellen;
- Überschuldung;
- Zahlungsunfähigkeit;
- anhaltende Ertragslosigkeit bzw. Verluste.

„Rechtliche Gegebenheiten" für eine Abweichung vom Going-concern-Prinzip und damit eine andere Bewertung „liegen normalerweise nur bei Konkurs vor" (Glade, S. 591).

3.4.3 Stichtagsprinzip

In § 252 Abs. 1 Nr. 3 HGB wird verlangt: „Die Vermögensgegenstände und Schulden sind zum Abschlußstichtag einzeln zu bewerten". Hierin stecken u. E. gleich zwei allgemeine Bewertungsgrundsätze, nämlich das „Stichtagsprinzip" und der „Grundsatz der Einzelbewertung". Wir wollen uns hier zunächst dem Stichtagsprinzip zuwenden, das für die Bilanzierung insbesondere zwei Konsequenzen zeitigt:

■ **Bilanzstichtag**

Das Stichtagsprinzip beinhaltet zum einen, daß Bestände-Bilanz und Gewinn- und Verlustrechnung zu einem ganz bestimmten Bilanzstichtag („für den Schluß eines jeden Geschäftsjahres" nach § 242 Abs. 1 und 2 HGB bzw. „zum Abschlußstichtag" nach § 252 Abs. 1 Nr. 3 HGB) aufzustellen sind.

Bei Gründung ist der Unternehmer in der Wahl des Bilanzstichtages frei; allerdings muß der Bilanzstichtag auf das Ende eines Monats fallen. Dies muß aber nicht der 31.12. eines Jahres sein (= Kalenderjahr).

Beispiele für Geschäftsjahre, die vom Kalenderjahr abweichen, geben folgende deutsche Firmen: Gustav Schickedanz KG, Fürth – Großversandhaus Quelle: 31. Januar; Süddeutsche Zucker AG: 28. Februar; Industrie-Kredit-Bank (IKB): 31. März; RWE AG: 30. Juni; Salzgitter AG, August Thyssen Hütte AG, Siemens AG: 30. September.

Auch darf gem. § 240 Abs. 2 HGB die Dauer des Geschäftsjahres 12 Monate nicht übersteigen. Ein kürzerer Bilanzierungszeitraum (sog. „Rumpfgeschäftsjahr") kann ausnahmsweise im Jahr der Gründung, des Erwerbes, der Veräußerung oder Aufgabe eines Unternehmens gewählt werden (vgl. Biergans, S. 478).

Der Bilanzstichtag sollte sinnvoll festgelegt werden. Entscheidend für die Wahl des Bilanzstichtages können sein:

– Art des Geschäftes: Beispielsweise werden Land- und Forstwirtschaften in der Regel nach der Ernte bilanzieren; sonst würden sie kaum Vermögen oder Erfolg ausweisen können (wie soll etwa ein Feld mit halbreifem Getreide bewertet werden?).

– Saisonaler Geschäftsverlauf: Wenn das Hauptgeschäft (Volumen) im Dezember bzw. Januar liegt, wäre es unsinnig, gerade dann bei hohen Lagerbeständen Inventur zu machen und dadurch Fachkräfte vom Verkauf (Kundenberatung) abzuhalten. Nicht zuletzt aus diesem Grunde ist auch die sog. „vor- bzw. nachverlagerte Inventur" zulässig.

Spätere Umstellungen des Wirtschaftsjahres bedürfen der Zustimmung des Finanzamtes (Ausnahme: Umstellung auf das Kalenderjahr). „Das Finanzamt wird seine Zustimmung davon abhängig machen, ob gewichtige betriebswirtschaftliche Gründe für die Umstellung sprechen" (Scheffler, Steuerbilanztaktik, S. 50). Derartige Gründe liegen beispielsweise vor, wenn das Personal besser ausgelastet wird, wenn die Teilnahme an einem Betriebsvergleich geplant ist oder wenn auf einen einheitlichen Stichtag im Konzern umgestellt werden soll (vgl. Biergans, S. 480 und die dort zitierten BFH-Urteile).

■ Wertansatz

Zum anderen beinhaltet das „Stichtagsprinzip", daß nach § 252 Abs. 1 Nr. 3 HGB „die Vermögensgegenstände und Schulden ... zum Abschlußstichtag ... zu bewerten" sind; dies bedeutet:

Der Bilanzstichtag wird für die Bewertung maßgebend; d. h., die Vermögens- und Schuldenteile sind i. d. R. mit demjenigen Wert in die Bilanz aufzunehmen, der ihnen am Bilanzstichtag beizulegen ist (vgl. hierzu das sog. „Tageswertprinzip" als Bestandteil des „Vorsichtsprinzips"). Daß die Verhältnisse am Abschlußstichtag für die Bewertung „maßgebend" sind, bedeutet jedoch nicht, daß zwingend der am Bilanzstichtag gültige Wert stets auch als Wertansatz genommen werden muß. Vielmehr kann es vorkommen, daß ein anderer (niedrigerer oder höherer) Wert, der von einem Zeitpunkt vor dem Bilanzstichtag stammt, als Wertansatz gewählt werden muß (oder kann). Hierauf ist im Rahmen des „Vorsichtsprinzips" (im Zusammenhang mit dem sog. „Niederstwertprinzip" bzw. dem sog. „Höchstwertprinzip") noch ausführlicher einzugehen.

Schließlich sei schon an dieser Stelle kurz erwähnt, daß es zu einer „Durchbrechung des Stichtagsprinzipes" kommen kann, und zwar dann, wenn Gegenstände des Umlaufvermögens mit einem erst in der nächsten Zukunft erwarteten niedrigeren Wert nach § 253 Abs. 3 S. 3 HGB angesetzt werden (können).

3.4.4 Grundsatz der Einzelbewertung

Mit der Forderung des § 252 Abs. 1 Nr. 3 HGB, daß „die Vermögensgegenstände und Schulden ... einzeln zu bewerten" sind, wird der Grundsatz der Einzelbewertung umschrieben. Dieser Grundsatz verlangt, daß jedes Wirtschaftsgut bei der Bilanzerstellung gesondert für sich zu erfassen und zu bewerten ist. Durch den Grundsatz der Einzelbewertung soll ein Wertausgleich zwischen verschiedenen Vermögensgegenständen oder Schulden verhindert werden. „Das bedeutet, daß z. B. jeder Posten eines Warenlagers für sich getrennt zu bewerten ist, soweit sich Einzelmengen spezifizieren lassen, oder daß Risiken aus schwebenden Geschäften nicht mit Chancen anderer schwebender Geschäfte verrechnet werden können" (Glade, S. 592). Insofern ist das „Brutto-Prinzip" (Verrechnungsverbot) des § 246 Abs. 2 HGB eine spezielle Ausprägung des Prinzips der Einzelbewertung.

■ **Ausnahmefälle**

Von diesem Grundsatz der Einzelbewertung darf nach Handels- und Steuerrecht in zahlreichen Ausnahmefällen abgewichen werden. Solche Ausnahmefälle liegen dann vor, wenn eine Einzelbewertung entweder aus praktischen Gründen gar nicht durchgeführt werden kann (z. B. wegen der Zurechnungsproblematik bei der Ermittlung von Herstellungskosten beim Ansatz von Vollkosten oder bei Kuppelproduktion) oder aber zu einem nicht vertretbaren Arbeitsaufwand führt, eine Einzelbewertung also unwirtschaftlich wäre. Deshalb sind u. a. „Festbewertung" (vgl. § 240 Abs. 3 HGB), „Gruppenbewertung" (vgl. § 240 Abs. 4 HGB) und sog. „Bewertungsvereinfachungsverfahren" bzw. „Verfahren der Sammelbewertung" (vgl. § 256 HGB) zulässig, obwohl damit der Grundsatz der Einzelbewertung durchbrochen wird. Auf diese Bewertungswahlrechte wird in Band 2 Abschnitt 2 noch näher eingegangen.

3.4.5 Vorsichtsprinzip und „Wert-Aufhellungstheorie"

Die Erstellung der Handelsbilanz wird vom sog. „Vorsichtsprinzip" beherrscht. So verlangt § 252 Abs. 1 Nr. 4 HGB: „Es ist vorsichtig zu bewerten, namentlich sind alle vorhersehbaren Risiken und Verluste, die bis zum Abschlußstichtag entstanden sind, zu berücksichtigen ..."

Trotz dieser erstmaligen Kodifizierung des Vorsichtsprinzips im HGB müssen weiterhin die GoB herangezogen werden, um näher zu spezifizieren, wie eine „vorsichtige Bewertung" erreicht werden kann. Nach den GoB heißt „vorsichtig bewerten" vor allem, daß der ordentliche Kaufmann sich vor sich selbst und vor anderen nicht reicher und im Zweifel eher ärmer rechnet, als er wirklich ist.

Zur Begründung des Vorsichtsprinzips kann darauf verwiesen werden, daß die Unsicherheit der wirtschaftlichen Entwicklung, ihr Einfluß auf die Unternehmung und die Schwierigkeiten der rechnerischen Erfassung dieses Unsicherheits-Phänomens ein vorsichtiges Verhalten bei der Ermittlung des Erfolges gebieten.

■ **Handelsrechtlicher Grundgedanke beim Vorsichtsprinzip**

Deshalb läßt sich das Handelsrecht von dem Grundgedanken leiten: Ein als zu hoch errechneter und ausgewiesener Gewinn hat gefährlichere Konsequenzen als ein zu niedrig bemessener. Zu denken ist in diesem Zusammenhang an Fehlinvestitionen oder zu hohe Gewinnausschüttungen und überhöhte Steuerzahlungen.

Die Anwendung des Vorsichtsprinzips bei der Erfolgsermittlung drückt sich daher in zwei Tendenzen aus:
- Unterbewertung der Aktiva oder Überbewertung der Passiva bzw.

- Ertragsbemessung nach unten oder Aufwandsbemessung nach oben.

Dies soll jedoch nur „im Zweifelsfall" erfolgen, d. h., die bewußte und willkürliche Bildung stiller Reserven entspricht nicht dem Vorsichtsprinzip und ist daher abzulehnen. Das Vorsichtsprinzip kommt auch darin zum Ausdruck, daß das abzuschließende Geschäftsjahr schon mit noch unrealisierten, jedoch bereits erkennbaren Verlustmöglichkeiten belastet werden soll.

Im einzelnen findet das Prinzip der Vorsicht seinen Niederschlag in den folgenden vier Bewertungsprinzipien:

■ **Realisationsprinzip**

Das Realisationsprinzip bringt zum Ausdruck, daß Gewinne (und eigentlich auch Verluste) erst dann ausgewiesen werden dürfen, wenn sie durch Umsätze realisiert worden sind. Dies ist für Gewinne jetzt ausdrücklich im 2. Halbsatz von § 252 Abs. 1 Nr. 4 HGB formuliert: „Gewinne sind nur zu berücksichtigen, wenn sie am Abschlußstichtag realisiert sind".

Demnach verbietet das Realisationsprinzip den Ausweis unrealisierter Gewinne. Nach herrschender Auffassung wird im allgemeinen ein Gewinn erst dann als realisiert angesehen, wenn die Lieferung eines Gutes erbracht oder die Dienstleistung beendet worden und der Anspruch auf Vergütung entstanden ist. „Der Zahlungsvorgang spielt also keine Rolle. Das Realisationsprinzip soll verhindern, daß Beträge als Gewinnanteile oder Zinsen ausgeschüttet werden, die noch nicht entstanden sind" (Pougin, Bilanzpolitik, S. 10).

Jedoch gibt es einige Ausnahmen vom Realisationsprinzip, die Gegenstand von GoB sind. Beispielsweise besteht bei langfristiger Fertigung (z. B. Werften, Bauunternehmen) die Möglichkeit einer Teilgewinnrealisierung nach Maßgabe der Abnahme durch den Auftraggeber (vgl. Adler/Düring/Schmaltz, Erl. zu § 252 HGB Tz 83).

Das Realisationsprinzip hat seinen Niederschlag insbesondere darin gefunden, daß bei der Bewertung die (historischen) Anschaffungs- oder Herstellungskosten als Obergrenze zu beachten sind (vgl. § 253 Abs. 1 HGB: „Vermögensgegenstände sind höchstens mit den Anschaffungs- oder Herstellungskosten ... anzusetzen").

Das Realisationsprinzip gilt nicht uneingeschränkt; insbesondere gilt es nicht für unrealisierte Verluste. Diese Einschränkung erfolgt durch das sog. „Niederstwertprinzip" bzw. das sog. „Höchstwertprinzip".

■ **Tageswertprinzip**

Das Tageswertprinzip bzw. Zeitwertprinzip fordert die Bewertung zum Tageswert (als Wiederbeschaffungs- oder Veräußerungswert) des Bilanzstichtages. Dieses Prinzip würde den Ausweis unrealisierter Gewinne und Verluste zur Folge haben können und gilt daher nur im Rahmen des Niederstwertprinzips bzw. des Höchstwertprinzips.

■ **Niederstwertprinzip**

Das Niederstwertprinzip besagt, daß von zwei (oder mehr) möglichen Wertansätzen bei der Bewertung der Vermögensteile am Bilanzstichtag jeweils der niedrigere anzusetzen ist. Das Prinzip bewirkt, daß unrealisierte Gewinne nicht ausgewiesen werden, unrealisierte Verluste dagegen in voller Höhe bereits im abzuschließenden Geschäftsjahr berücksichtigt werden. Auf Grund der ungleichen Behandlung von unrealisierten Gewinnen einerseits und unrealisierten Verlusten andererseits spricht man in diesem Zusammenhang auch vom „Imparitätsprinzip".

Das Niederstwertprinzip bezieht sich auf die Aktivseite der Bilanz und ist in folgenden Vorschriften verankert:

Schon bei einer voraussichtlich dauernden Wertminderung, d. h. also bereits dann, wenn noch nicht sicher ist, ob die Wertminderung dauernd sein wird, müssen bei den Gegenständen des Anlagevermögens außerplanmäßige Abschreibungen vorgenommen werden (§ 253 Abs. 2 S. 3, 2. Halbsatz HGB). Die Vorschrift darf jedoch nicht dahingehend mißverstanden werden, daß nun auch alle Preisschwankungen beim Anlagevermögen berücksichtigt werden müssen. Ein niedrigerer Wert, der den Gegenständen des Anlagevermögens am Abschlußstichtag beizulegen ist, darf (muß also nicht) angesetzt werden, wenn die Wertminderung voraussichtlich nicht dauernd ist (vgl. 1. Halbsatz von § 253 Abs. 2 S. 3 HGB). Deshalb wird hier mit Recht vom sog. „gemilderten Niederstwertprinzip" gesprochen. Zu beachten ist, daß dieses gemilderte Niederstwertprinzip gem. § 253 Abs. 2 S. 3 HGB für Einzelunternehmen und Personengesellschaften uneingeschränkt, d. h. für das gesamte Anlagevermögen gilt, während es für Kapitalgesellschaften nach § 279 Abs. 1 S. 2 HGB auf das Finanz-Anlagevermögen beschränkt wird.

Im Gegensatz zum Anlagevermögen ist das Umlaufvermögen nach dem sog. „strengen Niederstwertprinzip" zu bewerten (§ 253 Abs. 3 S. 1 HGB). Sind also beispielsweise bei den Roh-, Hilfs- und Betriebsstoffen die Anschaffungskosten höher als der Wert, der sich aus dem Börsen- oder Marktpreis am Abschlußstichtag ergibt, so muß dieser niedrigere Wert angesetzt werden (vgl. § 253 Abs. 3 S. 1 HGB: „Bei Vermögensgegenständen des Umlaufvermögens sind Abschreibungen vorzunehmen, um diese mit einem niedrigeren Wert anzusetzen, der sich aus dem Börsen- oder Marktpreis ergibt"). Dieses strenge Niederstwertprinzip gilt für alle Unternehmensformen, und zwar hinsichtlich der Handelsbilanz über § 253 Abs. 3 HGB und für die Steuerbilanz auf Grund des Maßgeblichkeitsprinzips über § 5 und § 6 Abs. 1 Nr. 2 EStG.

Ausfluß dieses Niederstwertprinzipes ist auch die sog. „verlustfreie Bewertung" (vgl. Koch, S. 33 und 66). Danach müssen drohende Verluste beispielsweise aus dem (zukünftigen) Verkauf von unfertigen und fertigen Erzeugnissen bereits im abzuschließenden Geschäftsjahr berücksichtigt werden.

Dies wird durch folgenden Wertansatz erreicht (vgl. Adler/ Düring/Schmaltz, Erl. zu § 253 HGB Tz 480 ff.): Von dem erwarteten Absatzerlös (= Veräußerungspreis minus Erlösschmälerungen) werden die für die Leistungserstellung bisher angefallenen Kosten und die bis zum endgültigen Verkauf noch entstehenden Kosten abgezogen. Der so ermittelte „verlustfreie" Wert stellt einen im Sinne von § 253 Abs. 3 S. 2 HGB den Gegenständen „am Abschlußstichtag beizulegenden Wert" dar. Ist dieser Wert niedriger als die Anschaffungs- oder Herstellungskosten, so muß dieser niedrigere Wert aufgrund des strengen Niederstwertprinzipes für die Gegenstände des Umlaufvermögens angesetzt werden. In Band 2 Abschnitt 2 werden wir noch näher auf die „verlustfreie Bewertung" eingehen.

■ Höchstwertprinzip

Das Pendant zum Niederstwertprinzip für die Aktiv-Seite der Beständebilanz bildet das Höchstwertprinzip für die Passiv-Seite. Es gilt für die Bewertung von Verbindlichkeiten und verlangt, daß von zwei möglichen Werten der höhere Wert angesetzt wird. Also muß bei niedrigerem Zeitwert am Bilanzstichtag der höhere (historische) „Rückzahlungsbetrag" bzw. umgekehrt bei höherem Zeitwert am Bilanzstichtag dieser höhere Wert passiviert werden.

Zu denken ist in diesem Zusammenhang beispielsweise an Verbindlichkeiten in fremder Währung (Valutaverbindlichkeiten). Ferner müssen nach § 249 Abs. 1 S. 1 i. V. m. § 253 Abs. 1 S. 2 HGB bereits für ungewisse Verbindlichkeiten und drohende Verluste aus schwebenden Geschäften in Höhe des

Betrages, der nach vernünftiger kaufmännischer Beurteilung notwendig ist, Rückstellungen gebildet werden.

Wie das Niederstwertprinzip, so bewirkt auch das Höchstwertprinzip, daß unrealisierte Gewinne nicht ausgewiesen werden, hingegen unrealisierte Verluste bereits berücksichtigt werden. Somit muß auch beim Höchstwertprinzip von „Imparitätsprinzip" gesprochen werden. Oder man kann Niederstwertprinzip und Höchstwertprinzip zusammenfassend als „Prinzip der Verlustantizipation" charakterisieren.

■ Wert-Aufhellungstheorie und „vorsichtige Bewertung"

Kehren wir nun nach der Darstellung der vier Bewertungsprinzipien, die dem Vorsichtsprinzip immanent sind, zu dem Ausgangspunkt zurück, so fällt auf, daß § 252 Abs. 1 Nr. 4 HGB im Zusammenhang mit einer „vorsichtigen Bewertung" ausdrücklich folgendes verlangt: Alle vorhersehbaren Risiken und Verluste, die bis zum Abschlußstichtag entstanden sind, müssen selbst dann schon in der Bilanz des abzuschließenden Geschäftsjahres berücksichtigt werden, „wenn diese (Risiken und Verluste) erst zwischen dem Abschlußstichtag und dem Tag der Aufstellung des Jahresabschlusses bekanntgeworden sind".

Mit dieser Formulierung ist die sog. „Wert-Aufhellungstheorie", die bisher aufgrund höchstrichterlicher Rechtsprechung – nur Bestandteil der GoB war, nunmehr expressis verbis im neuen Bilanzrecht des HGB kodifiziert worden.

Demnach müssen „alle Informationen über Vorgänge vor dem Bilanzstichtag berücksichtigt werden, die nach dem Bilanzstichtag, aber vor der Aufstellung des Jahresabschlusses bekannt werden" (Coenenberg, Jahresabschluß, S. 32). Bei dieser „Wert-Aufhellungstheorie" geht es um Fälle, in denen unvollständige Kenntnisse über die Werte von Wirtschaftsgütern am Abschlußstichtag durch solche Informationen „aufgehellt" werden, die man erst im Laufe des neuen Geschäftsjahres bis zum Bilanzerstellungstag erhalten hat (vgl. BFH-Urteil vom 27.4.1965, BStBl III, S. 409). Dabei muß zwischen „wertaufhellenden" Tatsachen einerseits und „wertbeeinflussenden" Tatsachen andererseits unterschieden werden; eine diesbezügliche Klarstellung erfolgte im BFH-Urteil v. 4.4.1973 (BStBl II, S. 485 f.).

Grundsätzlich nicht berücksichtigt werden dürfen demnach solche „wertbeeinflussenden" Ereignisse, die erst nach dem Bilanzstichtag eingetreten sind, die aber zu einem anderen Wertansatz des Wirtschaftsgutes geführt hätten, wenn sie bereits früher eingetreten wären.

Erlangt der Bilanzierende erst nach dem Zeitpunkt der Bilanzerstellung eine bessere Kenntnis von den Verhältnissen am Bilanzstichtag, so darf dies nicht mehr berücksichtigt werden; eine Bilanzberichtigung oder -änderung aus diesem Grunde kommt grundsätzlich nicht in Frage.

■ „Gläubigerschutzprinzip"

In engem Zusammenhang mit dem Vorsichtsprinzip ist schließlich auch noch das sog. „Gläubigerschutzprinzip" zu sehen. Bei diesem Prinzip des Gläubigerschutzes steht die Erhaltung der Haftungssubstanz im Vordergrund. Ziel ist es, einen überhöhten Gewinnausweis bzw. eine überhöhte Gewinnausschüttung zu verhindern, um auf diese Weise die Haftungssubstanz der Unternehmung als Sicherheit für die Forderungen der Gläubiger möglichst hoch zu (er-)halten. Da dies nur durch eine vorsichtige Bewertung des Vermögens und damit durch eine vorsichtige Gewinnermittlung erreicht werden kann, führen Gläubigerschutzprinzip und Vorsichtsprinzip trotz unterschiedlicher Zielsetzung letztlich zum gleichen Ergebnis.

3.4.6 Abgrenzungsprinzip

§ 252 Abs. 1 Nr. 5 HGB verlangt: „Aufwendungen und Erträge des Geschäftsjahres sind unabhängig von den Zeitpunkten der entsprechenden Zahlungen im Jahresabschluß zu berücksichtigen".

Das mit dieser Formulierung umschriebene (Perioden-)-Abgrenzungsprinzip ergänzt die Vorschriften zu den Rechnungsabgrenzungsposten in § 250 HGB und zum Vollständigkeitsprinzip des § 246 Abs. 1 HGB für die Bilanz dadurch, daß ausdrücklich die Frage der Periodisierung der Geschäftsvorfälle geregelt wird (vgl. Glade, S. 596).

Es wird somit auf eine klare Unterscheidung zwischen „Aufwendungen" und „Ausgaben" einerseits und „Erträgen" und „Einnahmen" andererseits abgehoben: Für die Ermittlung des Jahresüberschusses/-fehlbetrages eines Geschäftsjahres als Teilperiode in der Gesamtlebensdauer (Totalperiode) einer Unternehmung kommt es nicht auf den Zahlungszeitpunkt an, sondern auf die verursachungsgerechte Zurechnung der Beträge auf die einzelne Teilperiode.

3.4.7 Grundsatz der Bewertungsmethoden-Stetigkeit

Der Grundsatz der Bewertungsmethoden-Stetigkeit wird in § 252 Abs. 1 Nr. 6 HGB artikuliert: „Die auf den vorhergehenden Jahresabschluß angewandten Bewertungsmethoden sollen beibehalten werden".

Mit dieser Vorschrift wird der Grundsatz der Bewertungsmethoden-Stetigkeit erstmals im deutschen HGB kodifiziert. Dabei hat die Gesetzesformulierung dieses Grundsatzes zu einer „gewissen Verunsicherung über seine praktischen Auswirkungen geführt" (Göllert/Ringling, S. 12) und eine – z. T. sehr kontroverse – Diskussion über die Frage ausgelöst, „was Bewertungsstetigkeit ist und was nicht" (Forster, Bewertungsstetigkeit, S. 31).

Zum Einstieg sei daran erinnert, daß die Verpflichtung, einmal gewählte Bewertungsmethoden grundsätzlich beizubehalten, keineswegs neu ist; vielmehr zählte sie bisher schon – d. h. vor dem BiRiLiG – zu den GoB, und zwar wurde sie meist im Zusammenhang mit der sog. „materiellen Bilanzkontinuität" erwähnt. Neu ist insofern zunächst einmal nur, daß der Grundsatz der Bewertungsmethoden-Stetigkeit nunmehr im HGB kodifiziert wurde.

Mit der Kodifizierung hat sich jedoch nichts daran geändert, daß der Grundsatz der Bewertungsmethoden-Stetigkeit für die Handelsbilanzen aller Kaufleute gilt, also rechtsformunabhängig zu beachten ist.

■ **Interne Vergleichbarkeit der Jahresabschlüsse als Ziel**

Früher als GoB, heute als kodifizierte Vorschrift soll die Beibehaltung der angewandten Bewertungsmethoden zur internen Vergleichbarkeit der Jahresabschlüsse eines Unternehmens über mehrere Perioden hinweg beitragen; um diese – unbestritten erforderliche – intertemporale Vergleichbarkeit zu erreichen, muß ein von Jahr zu Jahr willkürlicher (und vom externen Bilanzadressaten womöglich nicht erkennbarer) Wechsel der angewandten Bewertungsmethoden verhindert werden.

Deshalb ist unstrittig, daß der Grundsatz der Bewertungsmethoden-Stetigkeit für alle Vermögensgegenstände gilt, die bereits im Vorjahr bilanziert worden sind. Wurde z. B. ein Gegenstand des Anlagevermögens im Vorjahr linear abgeschrieben, so ist er planmäßig weiterhin linear abzuschreiben, solange nicht neue Sachverhalte zu einer Änderung des Abschreibungsplanes (z. B. einer außerplanmäßigen Abschreibung) zwingen (vgl. Forster, Bewertungsstetigkeit, S. 36).

Ebenso ist z. B. für die Bewertung von fertigen oder unfertigen Erzeugnissen, die weiterhin zum Produktionsprogramm des bilanzierenden Unternehmens gehören, dieselbe Methode wie im Vorjahr zur Ermittlung der Herstellungskosten anzuwenden; wenn also im Vorjahr beispielsweise nur die Einzelkosten, jedoch keine anteiligen Gemeinkosten in die Herstellungskosten für die Handelsbilanz eingerechnet wurden, so ist im Folgejahr bei der Ermittlung der Herstellungskosten zur Bewertung der unfertigen bzw. fertigen Erzeugnisse auf dieselbe Weise zu verfahren.

■ **Interpretation des Stetigkeitsgrundsatzes**

Jedoch erscheint uns in diesem Zusammenhang der Hinweis wichtig, daß § 252 Abs. 1 Nr. 6 HGB nicht „Bewertungsstetigkeit", sondern – wesentlich enger – allein „Bewertungsmethoden-Stetigkeit" verlangt. Das heißt, nicht die im vorangegangenen Jahresabschluß erfolgte Bewertung (= Wertansatz) ist beizubehalten, sondern nur die für die Bewertung herangezogene Methode. Dies bedeutet vor allem zweierlei:

Zum einen ist fast selbstverständlich, daß sich trotz Beibehaltung derselben Methode etwa zur Ermittlung der Herstellungskosten ein ganz anderer Wert als Bilanzansatz für unfertige Erzeugnisse ergeben kann, weil z. B. die Lohn- oder Material(einzel)kosten gegenüber dem Vorjahr erheblich gestiegen sind.

Zum anderen bezieht sich der Stetigkeitsgrundsatz nur auf Bewertungs-Methoden, hingegen nicht auch auf eine stets gleiche Ausübung von Bilanzierungswahlrechten (vgl. Forster, Bewertungsstetigkeit, S. 38); die freie Inanspruchnahme von Bilanzierungswahlrechten (Ansatzwahlrechten) wird also durch die Vorschrift des § 252 Abs. 1 Nr. 6 HGB nicht eingeschränkt. Demnach kann ein Bilanzierender, der sich einmal dafür entschieden hatte, z. B. einen derivativen Firmenwert zu aktivieren, beim nächsten Unternehmenskauf frei entschließen, den neuen derivativen Firmenwert nicht zu aktivieren; ebenso ist er nicht daran gebunden, das Bilanzierungswahlrecht für ein Disagio bei jeder Kreditaufnahme stets gleich, d. h. wie in den Vorjahren auszuüben. Generell sprechen sowohl Wortlaut, Stellung im Gesetzestext als auch Sinn des Grundsatzes der Bewertungsmethoden-Stetigkeit dafür (vgl. Rümmele), daß die Ausübung von Bilanzierungswahlrechten nicht dem Stetigkeitsgebot des § 252 Abs. 1 Nr. 6 HGB unterliegt.

Bei dieser vom Gesetzgeber gewollten Beschränkung des Stetigkeitsgrundsatzes auf Bewertungs-Methoden darf aber zugleich der Begriff der „Bewertungsmethode" u. E. nicht zu eng ausgelegt werden.

Wenn etwa das bilanzierende Unternehmen eine Maschine bisher degressiv abgeschrieben hat und nun auf die lineare Abschreibung übergehen will, so liegt sicherlich ein Methoden-Wechsel vor. Ein solches Bewertungswahlrecht für den Wechsel der Abschreibungsmethode wird aber sowohl handelsrechtlich als auch steuerrechtlich ausdrücklich eingeräumt (vgl. § 7 Abs. 3 S. 1 EStG).

Deshalb kann u. E. der Grundsatz der Bewertungsmethoden-Stetigkeit des § 252 Abs. 1 Nr. 6 HGB einerseits doch wohl nicht so streng interpretiert werden, daß die Ausübung eines solchen Wahlrechtes (hier: Übergang von einer Abschreibungsmethode auf eine andere) plötzlich als Verstoß gegen den Stetigkeitsgrundsatz gewertet würde und daher unzulässig wäre. Dann würden die gesetzlich eingeräumten Bewertungswahlrechte einen wesentlichen Teil ihrer Bedeutung verlieren. Einer solchen Auffassung muß widersprochen werden, denn u. E. schließt der Grundsatz der Bewertungsmethoden-Stetigkeit die Inanspruchnahme von Bewertungswahlrechten nicht aus (so auch: Glade, S. 602).

Andererseits dürfte aus dem Grundsatz der Bewertungsmethoden-Stetigkeit aber auch nicht gefolgert werden, daß das bilanzierende Unternehmen für eine Ersatz-Maschine, die im Folgejahr angeschafft wird, daran gebunden ist, auch für diese Ersatz-Anlage zunächst eine degressive Abschreibung vorzunehmen und anschließend auf die lineare Abschreibung übergehen zu müssen, nur weil dieser Wechsel der Abschreibungsmethoden bei der ursprünglichen Maschine praktiziert wurde. Für die Ersatz-Maschine können nämlich ganz andere technische und wirtschaftliche Bedingungen gelten, die dann auch einen anderen Abschreibungsplan verlangen.

Dies führt zu dem nächsten generellen Aspekt: Die „Beibehaltung" einer einmal angewandten Bewertungsmethode setzt im strengen Wortsinne voraus, daß gleiche Sachverhalte zu bewerten sind; d. h. umgekehrt, daß von einem „Methodenwechsel" immer dann gar nicht gesprochen werden kann, wenn neue sachliche Gegebenheiten bei der Bewertung zu berücksichtigen sind. So dürfte z. B. die Entscheidung über die zu wählende Abschreibungsmethode bei Neuzugängen im Anlagevermögen in vielen Fällen unabhängig von den bisher angewandten Methoden erfolgen können, weil aufgrund neuer technischer Eigenschaften der Maschinen (Nutzungsdauer, Einsatzmöglichkeiten, Reparaturanfälligkeit) oder/und neuer wirtschaftlicher Rahmenbedingungen (neues Produkt, veränderte Nachfragesituation) auch neue Abschreibungsdeterminanten entstanden sind (vgl. Göllert/Ringling, S. 13 und Rümmele).

■ Grundsatz der Bewertungsmethoden-Stetigkeit – eine Soll-Vorschrift

Schließlich muß stets berücksichtigt werden: Der Grundsatz der Bewertungsmethoden-Stetigkeit in § 252 Abs. 1 Nr. 6 HGB wurde nicht als Muß-, sondern nur als Soll-Vorschrift („... sollen beibehalten werden") formuliert. Eine solche Formulierung impliziert bereits, daß es zulässig ist, den Grundsatz der Bewertungsmethoden-Stetigkeit zu durchbrechen. Zur Unterstützung dieser Auffassung kann auch noch § 252 Abs. 2 HGB herangezogen werden, in dem es ausdrücklich heißt: Von den in Abs. 1 desselben Paragraphen genannten Bewertungsgrundsätzen, zu denen auch der Grundsatz der Bewertungsmethoden-Stetigkeit gehört, darf in „begründeten Ausnahmefällen abgewichen werden". Es stellt sich daher die Frage, welche Gründe ein derartiges Abweichen vom Stetigkeitsgrundsatz rechtfertigen.

Dabei ist zum einen an Gründe zu denken, bei denen vom Grundsatz der Bewertungsmethoden-Stetigkeit sogar abgewichen werden muß. Dieser Fall könnte z. B. dann eintreten, wenn durch Rechtsänderung (etwa: Verbot der degressiven Abschreibung) eine bisher angewandte Bewertungsmethode nicht mehr erlaubt ist. Aber auch dann, wenn die Zulässigkeit einer Bewertungsmethode von bestimmten Bedingungen abhängt, würde der Wegfall einer notwendigen Bedingung stets eine Methodenänderung erzwingen (vgl. Göllert/Ringling, S. 12).

Zum anderen können Gründe vorliegen, bei denen vom Grundsatz der Bewertungsmethoden-Stetigkeit abgewichen werden darf. Zu denken wäre hier beispielsweise an verschiedene „Beibehaltungswahlrechte", die das HGB ausdrücklich gewährt (vgl. § 253 Abs. 5 HGB) und die nicht plötzlich wegen des Stetigkeitsgebotes zu Beibehaltungspflichten werden können.

Ferner kann § 253 Abs. 4 HGB, der einen niedrigeren Wertansatz „im Rahmen vernünftiger kaufmännischer Beurteilung" erlaubt, als eine gesetzliche Vorschrift angesehen werden, die ein Abweichen vom Grundsatz der Bewertungsmethoden-Stetigkeit gestattet, weil sie einen Bilanzansatz ohne Befolgung einer bestimmten Bewertungsmethode zuläßt (vgl. Forster, Bewertungsstetigkeit, S. 40). Zahlreiche weitere „Ausnahmefälle" im Sinne des § 252 Abs. 2 HGB, in denen Gründe vorliegen, die von der Sache her eine Durchbrechung des Stetigkeitsgebotes rechtfertigen, nennen Forster (Bewertungsstetigkeit, S. 41), Glade (S. 100 und S. 603 f.), Göllert/ Ringling (S. 12 f.) und Rümmele.

Im Zusammenhang mit der Durchbrechung des Grundsatzes der Bewertungsmethoden-Stetigkeit ist außerdem zu beachten: Abweichungen von der Stetigkeit haben bei Kapitalgesellschaften besondere Erläuterungspflichten zur Folge; denn nach § 284 Abs. 2 Nr. 3 HGB müssen Kapitalgesellschaften Abweichungen von bisher angewandten Bewertungsmethoden im Anhang angeben und begründen (d. h. wirtschaftlich rechtfertigen) sowie deren Einfluß auf die Vermögens-, Finanz- und Ertragslage gesondert darstellen. Für alle anderen Kaufleute besteht diese Erläuterungspflicht nicht; d. h., wenn sie die Bewertungsmethoden-Stetigkeit unterbrechen, „so wird dies nach außen hin nicht erkennbar, sofern nicht auf freiwilliger Basis entsprechende Angaben gemacht werden" (Forster, Bewertungsstetigkeit, S. 42).

3.4.8 Anschaffungs- oder Herstellungskosten als Wertobergrenze

Wie schon mehrmals erwähnt, bestimmt § 253 Abs. 1 S. 1 HGB, daß Vermögensgegenstände höchstens mit den Anschaffungs- oder Herstellungskosten anzusetzen sind; d. h., die historischen Anschaffungs- oder Herstellungskosten bilden für Gegenstände des Anlage- oder Umlaufvermögens stets die Wertobergrenze für den Bilanzansatz. Nach deutschem Bilanzrecht dürfen deshalb z. B. für ein Grundstück oder ein Gebäude selbst dann keine höheren Werte als die Anschaffungs- oder Herstellungskosten in der Handelsbilanz angesetzt werden, wenn der Verkehrswert um ein Vielfaches über dem bei der Anschaffung des Grundstückes gezahlten Kaufpreis oder den zur Herstellung des Gebäudes aufgewendeten Beträgen liegt.

Häufig werden die historischen Anschaffungs- oder Herstellungskosten sogar noch unterschritten, weil Abschreibungen vorgenommen werden müssen. Dabei ist zwischen Gegenständen des Anlagevermögens und Gegenständen des Umlaufvermögens zu unterscheiden:

So bestimmt § 253 Abs. 2 S. 1 HGB, daß bei Vermögensgegenständen des Anlagevermögens, deren Nutzung zeitlich begrenzt ist, die Anschaffungs- oder Herstellungskosten um planmäßige Abschreibungen zu vermindern sind. Außerdem müssen bei allen Gegenständen des Anlagevermögens – also auch bei solchen, deren Nutzung zeitlich nicht begrenzt ist – außerplanmäßige Abschreibungen vorgenommen werden, wenn bei ihnen eine voraussichtlich dauernde Wertminderung eingetreten ist (vgl. 2. Halbsatz von § 253 Abs. 2 S. 3 HGB).

Bei Vermögensgegenständen des Umlaufvermögens kann es zwar keine planmäßigen Abschreibungen geben, sehr häufig aber außerplanmäßige. So sind nach § 253 Abs. 3 HGB (außerplanmäßige) Abschreibungen beim Umlaufvermögen vorzunehmen, wenn der sich aus dem Börsen- oder Marktpreis ergebende Wert oder der den Wirtschaftsgütern am Abschlußstichtag beizulegende Wert niedriger ist als die aufgewendeten Anschaffungs- oder Herstellungskosten für die jeweiligen Gegenstände des Umlaufvermögens.

Obwohl die Anschaffungs- oder Herstellungskosten stets die Wertobergrenze für den Wertansatz darstellen und ggf. Abschreibungen berücksichtigt werden müssen, ergibt sich aus diesen allgemein-gültigen Bewertungsvorschriften des § 253 HGB keineswegs nur ein einziger zulässiger Wertansatz für einen bestimmten Gegenstand des Anlage- oder Umlaufvermögens. Denn es ist an dieser Stelle bereits auf folgendes hinzuweisen: Sowohl bezüglich der Frage, welche Kostenarten in welcher Höhe im konkreten Fall in die Anschaffungs- oder Herstellungskosten zur Bewertung eines bestimmten Vermögensgegenstandes eingerechnet werden dürfen (vgl. insbes. § 255 HGB), als auch bezüglich der Bemessung der Abschreibungen nach Art und Höhe gewähren Handels- und Steuerrecht zahlreiche Bewertungswahlrechte. Je nach Ausübung dieser Wahlrechte ergeben sich jeweils ganz unterschiedliche Wertansätze, die dennoch jeweils zulässig sind. Auf diese Bewertungswahlrechte wird in Band 2 Abschnitt 2 im einzelnen noch näher einzugehen sein.

3.5 Zur Maßgeblichkeit der Handelsbilanz für die Steuerbilanz

■ **Grundsatz des Maßgeblichkeitsprinzips**

Wie bereits erwähnt (vgl. Abschnitt 1.3), ist bei Ableitung der Steuerbilanz aus der Handelsbilanz das sog. „Prinzip der Maßgeblichkeit der Handelsbilanz für die Steuerbilanz" zu beachten. Die Rechtsgrundlage dieses „Maßgeblichkeitsprinzipes" bildet § 5 Abs. 1 S. 1 EStG, in dem es heißt: Für Gewerbetreibende, die „Bücher führen und regelmäßig Abschlüsse machen, ist für den Schluß des Wirtschaftsjahres das Betriebsvermögen anzusetzen ..., das nach den handelsrechtlichen Grundsätzen ordnungsmäßiger Buchführung auszuweisen ist".

Wertansätze, die der Bilanzierende aufgrund handelsrechtlicher Vorschriften in der Handelsbilanz entweder zwingend vornehmen muß oder die er – ein Wahlrecht nutzend – gewählt hat, sind somit grundsätzlich auch maßgeblich für die Steuerbilanz.

■ „Durchbrechung" des Maßgeblichkeitsprinzips

„Ein Abweichen von den Wertansätzen der Handelsbilanz ist also in der Steuerbilanz nur dann möglich, wenn zwingende Vorschriften des Steuerrechts es erfordern ..." (Wöhe, Bilanzierung, S. 205). In diesen Fällen, in denen spezielle steuerrechtliche Bestimmungen die Übernahme der Positionen und Wertansätze aus der Handelsbilanz in die Steuerbilanz verhindern, liegt eine sog. „Durchbrechung" des Maßgeblichkeitsprinzipes vor. „Jede Durchbrechung des Maßgeblichkeitsprinzipes führt somit zwangsläufig zu Abweichungen zwischen Handels- und Steuerbilanz" (Hilke/Mähling/Ringwald/Zinke, S. 76).

■ Umkehrung des Maßgeblichkeitsprinzips

Aus wirtschafts- und konjunkturpolitischen Gründen gestatten es bestimmte Vorschriften des Steuerrechts darüber hinaus dem Steuerpflichtigen, den Steuerbilanzgewinn teilweise in zukünftige Perioden zu verschieben und auf diese Weise die gegenwärtige Steuerlast zu verringern. „Mit Berufung auf das Maßgeblichkeitsprinzip werden aber Gewinnverlagerungen in der Steuerbilanz generell nur anerkannt, wenn sie entsprechend auch in der Handelsbilanz vorgenommen werden. Die Steuerpflichtigen sind daher gezwungen, zur Verminderung der Steuerlast die Handelsbilanz an der Steuerbilanz auszurichten" (Coenenberg, Jahresabschluß, S. 17). In diesen Fällen kommt es mithin zu einer „Umkehrung" des Maßgeblichkeitsprinzipes. Seit dem 1.1.1990 ist diese Umkehrung des Maßgeblichkeitsprinzipes expressis verbis in § 5 Abs. 1 EStG verankert; denn der neu eingefügte Satz 2 lautet: „Steuerrechtliche Wahlrechte bei der Gewinnermittlung sind in Übereinstimmung mit der handelsrechtlichen Jahresbilanz auszuüben".

Diese Umkehrung des Maßgeblichkeitsprinzipes – also der Zwang, zur Ausnutzung eines steuerlichen Wahlrechtes den

Wertansatz aus der Steuerbilanz in die Handelsbilanz übernehmen zu müssen – führt dazu, daß der in der Handelsbilanz ausgewiesene Gewinn durch steuerrechtliche Vorschriften verfälscht wird. Insbesondere aus diesem Grunde wird in der Literatur seit einiger Zeit darüber diskutiert, ob das Maßgeblichkeitsprinzip beibehalten oder besser ganz aufgegeben werden sollte. Es lassen sich verschiedene Argumente sowohl für als auch gegen die Beibehaltung des Maßgeblichkeitsprinzipes anführen (vgl. hierzu u. a.: Hilke/Mähling/Ringwald/ Zinke, S. 77 f.). Von der Gewichtung der Pro- und Contra- Argumente wird abhängen, ob man – wie z. B. die Kommission Rechnungswesen im Verband der Hochschullehrer für Betriebswirtschaft (Reformvorschläge) – für oder – wie z. B. Schneider (Maßgeblichkeit) – gegen die Beibehaltung des Maßgeblichkeitsprinzipes votiert.

Wie auch immer man votiert, für den Bilanzierenden gilt weiterhin das „Maßgeblichkeitsprinzip" in der beschriebenen Form als ein Grundsatz, der häufig durchbrochen oder – in sein Gegenteil – umgekehrt wird. Dies bedeutet: Der Bilanzierende muß diese wechselseitige Verkettung zwischen Handelsbilanz und Steuerbilanz bei seiner Bilanzpolitik berücksichtigen.

Deshalb wird in Band 2 auch großer Wert darauf gelegt, bei den verschiedenen Möglichkeiten der Bilanzpolitik jeweils herauszuarbeiten, ob sie dem Prinzip der Maßgeblichkeit folgend für beide Bilanzen gelten oder aufgrund der Durchbrechung des Prinzipes nur für die Handelsbilanz Gültigkeit besitzen oder erst im Wege der Umkehrung des Maßgeblichkeitsprinzipes für die Handelsbilanz bedeutsam werden.

4 Folgen der Verletzung von Rechnungslegungspflichten (§§ 331 ff. HGB)

4.1 Verstöße gegen Rechnungslegungspflichten

Ein Verstoß gegen die Rechnungslegungspflichten liegt vor bei Verletzung der Buchführungspflicht, bei Bilanzverschleierung, bei Bilanzfälschung sowie bei Verletzung der Pflicht zur Offenlegung von Jahresabschluß und Lagebericht.

■ **Verletzung der Buchführungspflichten**

Zur Verletzung der Buchführungspflichten zählen insbesondere das Nicht-Führen von Büchern, die fehlende oder fehlerhafte Durchführung der Inventur (zur Erstellung eines Inventars als Grundlage und Vorbereitung für die Bilanzaufstellung), der Verstoß gegen das „Belegprinzip" (= „keine Buchung ohne Beleg") oder die Vernichtung von Belegen bzw. Büchern.

■ **„Bilanzverschleierung"**

Von „Bilanzverschleierung" spricht man dann, wenn an sich richtige Wertansätze bzw. Verhältnisse in der Bestände-Bilanz, in der Gewinn- und Verlustrechnung, im Anhang oder im Lagebericht unklar oder undurchsichtig dargestellt werden.

Die Bilanzverschleierung besteht somit in der Beeinträchtigung der Klarheit und Übersichtlichkeit im Sinne des § 243 Abs. 2 HGB, betrifft also die Form der Darstellung, d. h. insbesondere den Inhalt bzw. die Bezeichnung der Bilanzpositionen und die Gliederung (vgl. § 265 Abs. 1 S. 1, § 266 und § 275 HGB). Dabei ist zu beachten, daß gem. § 238 Abs. 1 S. 2 HGB der „sachverständige Dritte" den Maßstab für die Richtigkeit der gesamten Buchführung und Bilanzierung darstellt. Da Gliederungsmängel von ihm i. d. R. leicht erkannt werden, dürften derartige Mängel tatbestandsmäßig relativ häufig unerheblich sein (vgl. Tiedemann, Bilanzstrafrecht, S. 5).

Bilanzverschleierung reduziert sich daher insgesamt auf die Fälle, in denen die Verhältnisse der Unternehmung infolge der Verschleierung auch für den sachverständigen Dritten nur schwer erkennbar sind, z. B. weil gegen das Gebot des getrennten Ausweises bestimmter Posten oder gegen das allgemeine Verrechnungsverbot des § 246 Abs. 2 HGB verstoßen wurde.

■ „Bilanzfälschung"

Hingegen liegt „Bilanzfälschung" dann vor, wenn die Verhältnisse der Unternehmung im Jahresabschluß oder Lagebericht bewußt unrichtig wiedergegeben werden. Die unrichtige Wiedergabe betrifft also die materielle Bilanzwahrheit und kann angesichts des Vollständigkeitsgebotes (gem. § 246 Abs. 1 HGB) auch in der Unvollständigkeit der Darstellung der Verhältnisse liegen (vgl. Tiedemann, Bilanzstrafrecht, S. 4).

Beispiele für eine derartige Bilanzfälschung wären die Nicht-Aktivierung von Vermögensgegenständen (etwa von Rohstoffen, unfertigen oder fertigen Erzeugnissen, Waren, Forderungen oder Bargeldbeständen) oder das Weglassen einzelner Schuldposten. Umgekehrt gehört auch das Aktivieren fingierter Aktiva (z. B. nicht vorhandener Warenbestände) oder das Passivieren fingierter Verbindlichkeiten (z. B. als Darlehen von Verwandten im Ausland) zu den Bilanzfälschungen. Gleiches gilt für das Nicht-Verbuchen von Einnahmen („schwarze Kasse") und von Privatentnahmen oder aber für das Verbuchen von Privatentnahmen als Aufwand der Gesellschaft.

Ferner ist auch die unrichtige Bewertung, also ein zu geringer bzw. zu hoher Wertansatz bei Aktiva und Passiva, zu den Maßnahmen der Bilanzfälschung zu zählen.

Schließlich liegt Bilanzfälschung vor, wenn bei einer Kapitalgesellschaft im Anhang bewußt falsche Angaben zur Erläuterung von Beständebilanz und Gewinn- und Verlustrechnung gemacht werden oder im Lagebericht der Geschäftsverlauf und die Lage des Unternehmens bewußt unrichtig dargestellt werden, indem z. B. erhebliche Umstände verschwiegen werden.

■ **Verletzung der Pflicht zur Offenlegung**

Eine Verletzung der Pflicht zur Offenlegung des (erweiterten) Jahresabschlusses und des Lageberichtes von Kapitalgesellschaften liegt z. B. dann vor, wenn die genannten Unterlagen nicht oder nur unvollständig oder verspätet beim Handelsregister eingereicht werden. Es wurde bereits darauf hingewiesen, daß und warum derartige Pflichtverletzungen häufig vorkommen (vgl. Abschnitt 2.2).

4.2 Strafvorschriften des StGB und des HGB

Die Vorschriften des Bilanzstrafrechts sind über das Strafgesetzbuch (StGB) und das Nebenstrafrecht verteilt, wobei durch die §§ 331 ff. HGB zumindest für Kapitalgesellschaften und für Genossenschaften eine weitgehende Vereinheitlichung erreicht wurde. „Eine generelle Strafbarkeit unrichtiger Buchführung, Inventarisierung und Bilanzierung gibt es jedoch bisher nicht. Vielmehr existieren nur punktuelle Straftatbestände für bestimmte wirtschaftliche Situationen und Unternehmensformen" (Tiedemann, Bilanzstrafrecht, S. 2).

Bemerkenswert ist auch, daß die Fälschung von Steuerbilanzen nirgends unter Strafe gestellt ist. Dies liegt daran, daß die Bilanzfälschung als solche noch keinen Versuch der Steuerhinterziehung darstellt (vgl. Tiedemann, GmbH-Strafrecht, Rdn. 64 vor § 82). Vielmehr beginnt der Versuch der Steuerhinterziehung – als Straftat nach § 370 AO – bei Veranlagungs- und Fälligkeitssteuern erst mit der Erklärung gegenüber der Finanzbehörde.

Die folgenden Ausführungen zum Bilanzstrafrecht betreffen also nur die Handelsbilanz. Hierzu finden sich Strafbestimmungen zunächst in § 283 Abs. 1 Nr. 5 bis 7 und § 283b StGB, und zwar ausschließlich für die Fälle, daß es (nicht notwendigerweise wegen der Buchführungsmängel!) zur Zahlungsunfähigkeit oder zur Überschuldung und deshalb zur Eröffnung des Konkursverfahrens oder Abweisung des Eröffnungsantrages mangels Masse kommt (vgl. Tiedemann, Konkursstrafrecht, S. 92 ff.).

Beispielsweise wird mit Freiheitsstrafe bis zu fünf Jahren oder mit Geldstrafe bestraft, „wer bei Überschuldung oder bei drohender oder eingetretener Zahlungsunfähigkeit ... Handelsbücher, zu deren Führung er gesetzlich verpflichtet ist, zu führen unterläßt oder so führt oder verändert, daß die Übersicht über seinen Vermögensstand erschwert wird" (§ 283 Abs. 1 Nr. 5 StGB). Dabei dürfte eine „eingetretene Zahlungsunfähigkeit" noch relativ eindeutig feststellbar sein; schwieriger und damit auch problematischer wird es hingegen sein, im konkreten Fall für die Unternehmung eine „drohende Zahlungsunfähigkeit" oder eine „Überschuldung" zu konstatieren (zur Problematik der Überschuldungsmessung vgl. Kupsch, Überschuldung, S. 159 ff.). Werden die Konkursstraftaten des § 283 Abs. 1 bis 3 StGB gar aus Gewinnsucht oder wissentlich zur Schädigung anderer Personen verübt, so wird dieser „besonders schwere Fall des Bankrotts" mit Freiheitsstrafe von sechs Monaten bis zu zehn Jahren geahndet (vgl. § 283a StGB).

Weitere Strafvorschriften, die für alle Kapitalgesellschaften unabhängig von der wirtschaftlichen (Krisen-)Situation des Unternehmens gelten, enthält nunmehr § 331 HGB; er wird durch subsidiäre Vorschriften in § 17 PublG, § 400 Abs. 1 Nr. 1 AktG, § 82 Abs. 2 Nr. 2 GmbHG und § 147 Abs. 2 GenG noch ergänzt.

Außerdem wird die Verletzung der Berichtspflicht durch den Abschlußprüfer nach § 332 HGB unter Strafe gestellt.

Die §§ 331 und 332 HGB stellen nach Tiedemann (Bilanzstrafrecht, S. 2 f.) vor allem für die GmbH (nicht dagegen für die von diesen Vorschriften bisher nicht erfaßte GmbH & Co KG) eine erhebliche Verschärfung der strafrechtlichen Rechtslage dar, da Bilanzfälschungen und Bilanzverschleierungen früher nach § 82 Abs. 2 Nr. 2 GmbHG nur im Falle der Offenlegung des Jahresabschlusses und im übrigen nur bei Zahlungsunfähigkeit oder Überschuldung (gem. §§ 283 und 283b StGB) strafbar waren. Außerdem ist durch die Straftatbestände bezüglich unrichtiger Angaben gegenüber Prüfern (§ 331 Nr. 4 HGB) und unrichtiger Berichterstattung durch Prüfer (§ 332 HGB) die Strafbarkeit für die GmbH im Verhältnis zur früheren Rechtslage erheblich ausgeweitet worden.

§ 331 HGB schützt ebenso wie § 400 Abs. 1 Nr. 1 AktG und § 82 Abs. 2 Nr. 2 GmbHG das Vertrauen in die Richtigkeit der Information über die Verhältnisse der Kapitalgesellschaft (vgl. Tiedemann, GmbH-Strafrecht, Rdn. 66 vor § 82 mit Nachw.). Dieser Vertrauensschutz soll sowohl für die Gesellschafter und die Arbeitnehmer als auch die aktuellen sowie die potentiellen Gläubiger, die mit der Gesellschaft erst in Zukunft in wirtschaftliche oder rechtliche Beziehungen treten wollen, gelten.

Entsprechendes läßt sich für den Straftatbestand der Verletzung der Berichtspflicht durch Abschlußprüfer und ihre Gehilfen sagen (vgl. § 332 HGB). Dabei ist zu beachten: „Weder § 331 noch § 332 HGB erfordern einen Täuschungserfolg oder den Eintritt eines Vermögensschadens" (Tiedemann, Bilanzstrafrecht, S. 3). Vielmehr hat der Gesetzgeber „bereits das Vorfeld der schädigenden Straftaten kriminalisiert und die Strafvorschriften des Handelsrechts formell als bloße Äußerungsdelikte und materiell als abstrakte Gefährdungsdelikte gestaltet" (Maul, S. 185); demnach reicht es aus, wenn durch die Tathandlung eine generelle Gefährdung besteht.

Das Strafmaß beträgt nach § 331 und § 332 Abs. 1 HGB Freiheitsstrafe bis zu drei Jahren oder Geldstrafe, im Falle des § 332 Abs. 2 HGB sogar Freiheitsstrafe bis zu fünf Jahren oder Geldstrafe, wenn der Täter gegen Entgelt oder in der Absicht handelt, sich oder einen anderen zu bereichern oder einen anderen zu schädigen.

Der Täterkreis ist bei allen Tatbestandsalternativen der §§ 331 und 332 HGB rechtlich beschränkt; es handelt sich also um echte Sonderdelikte. Als taugliche Täter des § 331 HGB kommen nur Mitglieder des vertretungsberechtigten Organs einer Kapitalgesellschaft, in den Fällen der Nrn. 1 und 2 auch Aufsichtsratsmitglieder sowie bei Nr. 4 zusätzlich vertretungsberechtigte Gesellschafter und Organe von Tochterunternehmen in Frage (vgl. § 290 HGB).

Bei § 332 HGB können nur Abschlußprüfer und ihre Gehilfen taugliche Täter sein. Die vorbereitende und unterstützende Tätigkeit eines Prüfungsgehilfen, der nicht selbst prüft, wird insoweit als eigene Täterschaft des Gehilfen gewertet. Allerdings ist Prüfergehilfe in diesem Sinne nur, wer an der Prüfung spezifisch unterstützend mitwirkt, so daß Schreib- und Bürokräfte nicht als Täter in Betracht kommen (vgl. Tiedemann, GmbH-Strafrecht, Rdn. 67 vor § 82 mit Nachw.).

Andere als die vorgenannten Personen, insbesondere Steuerberater, können bei §§ 331 und 332 HGB nicht Täter, also auch nicht Mittäter oder mittelbare Täter, sondern nur Anstifter oder Gehilfen sein, sofern eine rechtswidrige und vorsätzliche Haupttat eines anderen, tauglichen Täters vorliegt (vgl. Tiedemann, Bilanzstrafrecht, S. 3 und Maul, S. 187). Auch bei § 331 HGB führt § 14 Abs. 2 StGB zu keiner Ausweitung des Täterkreises, da selbst eine umfassende Beauftragung (z. B. eines kaufmännischen Leiters oder eines Steuerberaters mit der Bilanzerstellung) keine Wahrnehmung einer Vertretungs- oder Aufsichtssituation zu schaffen vermag (vgl. Tiedemann, GmbH-Strafrecht, Rdn. 68 vor § 82; ebenso: Maul, S. 187 f.). Hingegen sind bei Beauftragung einer Wirtschaftsprüfungsgesellschaft deren Organe bzw. vertretungsberechtigte Gesellschafter taugliche Täter im Sinne des § 332 HGB.

Der sachliche Anwendungsbereich des § 331 HGB betrifft folgende Erklärungsmittel: Bei § 331 Nr. 1 HGB handelt es sich um unrichtige Darstellungen in der Eröffnungsbilanz, im Jahresabschluß mit seinen drei Teilen: Beständebilanz, Gewinn- und Verlustrechnung sowie Anhang und im Lagebericht. § 331 Nr. 2 und Nr. 3 HGB betreffen den Konzernabschluß und den Konzernlagebericht. § 331 Nr. 4 HGB erfaßt demgegenüber neben schriftlichen auch mündliche Erklärungen gegenüber einem Abschlußprüfer (vgl. § 320 HGB). Strafbar sind alle in § 331 HGB genannten Handlungen jedoch nur dann, wenn sie vorsätzlich begangen werden.

Außerdem ist zu beachten, daß für § 331 HGB die Buchführung außerhalb der Eröffnungsbilanz und des Jahresabschlusses nicht einschlägig ist. Manipulationen und Unterlassungen im Buchführungsbereich sind - wie bereits dargestellt - daher insoweit nur nach §§ 283 und 283b StGB (für den Fall der Zahlungsunfähigkeit usw.) strafbar. Dasselbe gilt für das Nichterstellen der Eröffnungs- oder Schlußbilanz sowie für die verspätete Erstellung des Jahresabschlusses.

Das Abschlußprüferdelikt des § 332 HGB betrifft Verletzungen der Berichtspflicht. Dabei bezieht sich § 332 HGB ausdrücklich nur auf unrichtige Berichterstattung über das „Ergebnis der Prüfung", erfaßt also nicht jede beliebige Unrichtigkeit und vor allem nicht die Abweichung von den tatsächlichen Verhältnissen, sondern nur die Abweichung der Berichterstattung von den Prüfungsfeststellungen (vgl. Tiedemann, Bilanzstrafrecht, S. 6). Allerdings ist nun auch die Erteilung eines inhaltlich unrichtigen Bestätigungsvermerkes nach § 332 Abs. 1 HGB unter Strafe gestellt.

Wie bei § 331 HGB gilt auch für § 332 HGB: Alle genannten Handlungen sind nur dann strafbar, wenn sie vorsätzlich begangen wurden.

Falls der Abschlußprüfer erst nachträglich die Unrichtigkeit erkennt, so ist fraglich, ob er sich wegen Unterlassens der Berichtigung strafbar macht. Die Verletzung der Berichtspflicht nach § 332 HGB ist ein Äußerungsdelikt, das mit Zugang des Berichtes bzw. mit Offenlegung des Bestätigungsvermerkes vollendet ist; deshalb ist eine Berichtigung (vgl. § 322 Abs. 2 HGB) strafrechtlich nur bis zu diesem Zeitpunkt geboten (vgl. Tiedemann, Bilanzstrafrecht, S. 7). Davon unberührt bleibt jedoch eine Unterlassungsstrafbarkeit des Abschlußprüfers wegen allgemeiner Straftaten und wegen Teilnahme an solchen Straftaten. Insofern kommt eine (Überwachungs-)Garantenstellung des Abschlußprüfers gegenüber Dritten (z. B. Kreditgebern) zumindest in dem Ausmaße in Betracht, wie sie die neuere Zivilrechtsprechung für (Testate der) Steuerberater anerkennt (vgl. Tiedemann, Bilanzstrafrecht, S. 7).

4.3 Bußgeldvorschriften des HGB

Die Ordnungswidrigkeiten nach § 334 HGB stellen weniger gravierende Verstöße gegen Rechnungslegungspflichten unter Bußgelddrohung; „die Ordnungswidrigkeit kann mit einer Geldbuße bis zu 50.000,– DM geahndet werden" (§ 334 Abs. 3 HGB). Es geht bei den Ordnungswidrigkeiten um Zuwiderhandlungen gegen Form- und Ordnungsvorschriften bei der Aufstellung des Jahresabschlusses und des Lageberichtes sowie bei deren Offenlegung. Im Verhältnis zu § 331 HGB ist § 334 HGB subsidiär.

Für die Praxis stellt § 334 HGB einen Auffangtatbestand für diejenigen Fälle dar, in denen ein Verstoß gegen Form- und Ordnungsvorschriften nicht mit der rechtlich gebotenen Eindeutigkeit zur Annahme einer Unrichtigkeit oder Unklarheit des Jahresabschlusses i. S. des § 331 HGB führt; Verstöße sollen schon im Vorfeld der Bilanzfälschung oder Bilanzverschleierung verhindert werden (vgl. Tiedemann, Bilanzstrafrecht, S. 7). Geschütztes Rechtsgut ist das Vertrauen in die Ordnungsmäßigkeit des erstellten und offengelegten Jahresabschlusses und Lageberichtes von Kapitalgesellschaften.

Der taugliche Täterkreis bestimmt sich theoretisch anders als bei den §§ 331 und 332 HGB: Nicht nur Mitglieder des vertretungsberechtigten Organs oder des Aufsichtsrates, sondern auch andere als die in § 334 genannten Personen – etwa Steuerberater – können Täter sein; jedoch setzt dies auch hier voraus, daß jedenfalls ein Haupttäter tauglicher Täter i. S. des § 334 HGB ist (vgl. § 14 Abs. 1 S. 2 OWiG).

Erklärungsmittel sind bei § 334 Abs. 1 HGB der Jahres- und der Konzernabschluß sowie der Lage- und der Konzernlagebericht; mit § 334 Abs. 2 HGB wird auch der Bestätigungsvermerk nach § 322 HGB mit einbezogen. „Dagegen ist die Eröffnungsbilanz sowie die Buchführung außerhalb von Bilanzen auch für § 334 HGB nicht einschlägig. Von der Vorschrift nicht erfaßt wird ferner die Nicht- oder verspätete Erstellung der Abschlüsse bzw. Lageberichte" (Tiedemann, Bilanzstrafrecht, S. 7).

Die Tathandlungen werden durch den Verweis des Gesetzgebers auf die entsprechenden Bilanzierungsvorschriften genannt:

§ 334 Abs. 1 Nr. 1 HGB betrifft Zuwiderhandlung gegen Vorschriften über den Jahresabschluß. Beispielsweise handelt ordnungswidrig, wer gegen die Grundsätze ordnungsmäßiger Buchführung (§ 243 Abs. 1 HGB) verstößt, zu denen – wie dargestellt – u. a. das Vollständigkeitsgebot und das Verrechnungsverbot (§ 246 HGB) und das Gebot der Bilanzklarheit (§ 243 Abs. 2 HGB) gehören. Ferner handelt ordnungswidrig, wer gegen Bewertungsvorschriften verstößt. „Dabei gilt auch hier, daß erst eindeutig unvertretbare Bewertungen den Tatbestand erfüllen" (Tiedemann, Bilanzstrafrecht, S. 8). Außerdem handelt ordnungswidrig, wer den Vorschriften über die Gliederung zuwiderhandelt. Schließlich begeht derjenige eine Ordnungswidrigkeit, der gegen Vorschriften verstößt, die verschiedene erläuternde Angaben in der Bilanz oder im Anhang gebieten. Dabei wirkt das Recht, bestimmte Angaben unterlassen zu dürfen (§ 286 Abs. 2 und 3 HGB), tatbestandsausschließend.

§ 334 Abs. 1 Nr. 3 HGB betrifft Zuwiderhandlungen gegen Vorschriften über den Lagebericht und verweist auf § 289 Abs. 1 HGB, die auf den Grundsatz der Vermittlung eines den tatsächlichen Verhältnissen entsprechenden Bildes Bezug nehmen. Auch hier muß der Maßstab des sachverständigen Dritten angelegt werden; erst wenn dieser sich – aus der Gesamtheit von Jahresabschluß und Lagebericht – kein den tatsächlichen Verhältnissen entsprechendes Bild machen kann, ist der Tatbestand von § 334 Abs. 1 Nr. 3 HGB erfüllt.

§ 334 Abs. 1 Nr. 5 HGB betrifft Zuwiderhandlung gegen Vorschriften über die Offenlegung, Veröffentlichung und Vervielfältigung des Jahresabschlusses und des Lageberichts und verweist auf § 328 HGB.

§ 334 Abs. 2 HGB ahndet die Erteilung eines Bestätigungsvermerks durch die in § 319 Abs. 2 HGB bezeichneten Wirtschaftsprüfer bzw. Angestellte der in § 319 Abs. 3 HGB bezeichneten Gesellschaften, wenn die Unabhängigkeit dieser Personen durch die im Gesetz genannten Ausschlußgründe gefährdet ist. Nicht von § 334 Abs. 2 HGB erfaßt ist die Erstellung eines Prüfungsberichts nach § 321 HGB durch einen ausgeschlossenen Wirtschaftsprüfer bzw. den Angestellten einer ausgeschlossenen Gesellschaft (vgl. Tiedemann, Bilanzstrafrecht, S. 8).

Generell ist zu beachten: Die in Bezug genommenen Form- und Ordnungsvorschriften des HGB sind Teil des gesetzlichen Bußgeldtatbestandes des § 334 HGB. „Damit ist der Irrtum über den Inhalt oder die Reichweite dieser Vorschriften nach richtiger Ansicht nicht Verbotsirrtum gem. § 11 Abs. 2 OWiG, der nur bei Unvermeidbarkeit die Ahndung ausschließt, sondern vorsatzausschließender Tatbestandsirrtum i. S. des § 11 Abs. 1 OWiG. Mangels Ahndbarkeit der Fahrlässigkeit (vgl. § 10 OWiG) befreit ein solcher Irrtum von der bußgeldrechtlichen Verantwortlichkeit" (Tiedemann, Bilanzstrafrecht, S. 8 f.).

Der Vollständigkeit halber sei schließlich daran erinnert, daß – neben den Bußgeldern nach § 334 HGB – auch noch Zwangsgelder nach § 335 HGB festgesetzt werden können. Die Festsetzung eines solchen Zwangsgeldes kann durch das Registergericht insbesondere dann erfolgen, wenn Mitglieder des vertretungsberechtigten Organs einer Kapitalgesellschaft die Pflichten zur Aufstellung des (erweiterten) Jahresabschlusses und des Lageberichtes, zur Bestellung des Abschlußprüfers oder zur Offenlegung des (erweiterten) Jahresabschlusses und Lageberichtes nicht befolgen (vgl. § 335 HGB). Die recht begrenzten Möglichkeiten, die das Registergericht hat, für derartige Pflichtverletzungen ein Zwangsgeld von max. 10.000,- DM festzusetzen (vgl. § 335 S. 8 HGB), wurden für den Fall der Verletzung von Offenlegungspflichten bereits in Abschnitt 2.2 dieses Kapitels dargestellt; es sei deshalb auf die dortigen Ausführungen verwiesen.

4.4 Folgen der Verletzung von Buchführungspflichten im Steuerrecht

Der Vollständigkeit halber ist schließlich noch zu erwähnen: Auch das Steuerrecht verlangt, daß die „Bücher förmlich in Ordnung sind und deren Inhalt sachlich richtig ist" (Abschn. 29 Abs. 2 Nr. 1 S. 2 EStR). Unwesentliche formelle und materielle Mängel berühren die Ordnungsmäßigkeit nicht, wenn sie in vollem Umfange berichtigt werden können oder das Ergebnis durch eine „unschädliche ergänzende Schätzung" (Wöhe, Bilanzierung, S. 187) richtigzustellen ist (vgl. Abschn. 29 Abs. 2 Nr. 5 und 6 EStR).

Bei erheblichen Mängeln (z. B. ein erheblicher Teil des Warenbestandes ist in der Bilanz nicht ausgewiesen) verliert die Buchführung ihre Ordnungsmäßigkeit; in diesem Falle erfolgt eine „schädliche Schätzung" (Wöhe, Bilanzierung, S. 187) der Besteuerungsgrundlagen durch die Finanzbehörde (vgl. § 162 AO). Außerdem muß mit Geldbußen bis zu 10.000,- DM (§ 379 AO) oder gar 100.000,- DM (§ 378 AO) rechnen, wer vorsätzlich oder leichtfertig Buchführungspflichten verletzt. Auf weitergehende Strafen, insbesondere Freiheitsstrafe bis zu 5 Jahren bei Steuerhinterziehung (vgl. § 370 AO), wurde eingangs dieses Abschnittes 4 bereits hingewiesen.

Wichtige Sonder-Regelungen des DMBilG

Seit dem Beitritt der Deutschen Demokratischen Republik zum Geltungsbereich des Grundgesetzes der Bundesrepublik Deutschland am 3. Oktober 1990 gemäß Art. 23 stehen die Unternehmen in den fünf neuen Bundesländern zunächst vor den Problemen der Erstellung einer Eröffnungsbilanz in Deutscher Mark und der Kapitalneufestsetzung. Gesetzliche Grundlage hierfür bildet das D-Markbilanzgesetz (DMBilG) vom September 1990. Bei der Aufstellung von DM-Eröffnungsbilanzen erkannte man jedoch, daß der durch das DMBilG gezogene Zeitrahmen nicht eingehalten werden kann.

Auch aufgrund dieser Erfahrungen kam es zu dem am 15. März 1991 verabschiedeten Artikelgesetz: „Gesetz zur Beseitigung von Hemmnissen bei der Privatisierung von Unternehmen und zur Förderung von Investitionen" (vgl. BT-Drucksache 12/103 und 12/254). Dabei befaßt sich der Art. 4 dieses Artikelgesetzes mit den Änderungen des D-Markbilanzgesetzes. Die folgenden Tabellen (vgl. Abb. 10 und Abb. 11) sollen einen kurzen Überblick über bedeutende Regelungen des DMBilG i.d.F. v. 15. 03. 1991 geben. In Abb. 10 werden vor allem die Fristen (sowohl die Alt- als auch die Neutermine) des DMBilG für die DM-Eröffnungsbilanz und den Anhang von Kapitalgesellschaften dargestellt; in Abb. 11 werden wichtige Vorschriften des DMBilG zur Bewertung(sänderung) und zur Kapitalausstattung aufgeführt. Zu beachten ist dabei, daß sich diese Abb. 10 und Abb. 11 nur auf die handelsrechtlichen, nicht aber auf die steuerrechtlichen Vorschriften beziehen (siehe dazu näher Strobel, D-Mark-Bilanzgesetz; Grünewald/Stibi, Neue Termine und Fristen).

		Eröffnungsbilanz (in DM) mit Anhang		
		kleine Kapitalgesellschaft	mittelgroße Kapitalgesellschaft	große Kapitalgesellschaft
Erstellungspflicht	Eröffnungsbilanz (in DM)	verkürzt § 5 Abs. 2 DMBilG i. V. m. § 266 Abs. 1 S. 3 HGB	mittelformatig § 5 Abs. 2 DMBilG i. V. m. § 327 Nr. 1 HGB	vollständig § 5 Abs. 1 DMBilG i. V. m. § 266 Abs. 2 und 3 HGB
	Anhang		§ 19 DMBilG	
Aufstellungsfrist	Inventar	01.07.1990 § 1 Abs. 1 DMBilG		
		Rückgriff auf die Inventur vom 30. 06. 1990 nach DDR-Inventurordnung möglich (§ 3 DMBilG)		
	Eröffnungsbilanz und Anhang	6 Monate d. h. spätestens bis 31. 12. 1990 § 4 Abs. 1 S. 2 DMBilG i. V. m. § 1 Abs. 1 DMBilG	4 Monate d. h. spätestens bis 31. 10. 1990 § 4 Abs. 1 S. 1 DMBilG i. V. m. § 1 Abs. 1 DMBilG	
		Nach § 3a DMBilG aber faktische Fristverlängerung durch die Möglichkeit der Nachholinventur bis zur Feststellungsfrist (ggf. abzüglich Prüfungsdauer)		

Feststellungs-pflicht	Eröffnungs-bilanz und Anhang		§ 35 Abs. 1 S. 1 DMBilG
	Alttermin Neutermin	bis 31. 05. 1991 bis 30. 09. 1991 § 35 Abs. 1 S. 3 DMBilG	spätestens bis 28. 02. 1991 spätestens bis 30. 06. 1991 § 35 Abs. 1 S. 3 DMBilG
Prüfungs-pflicht	Eröffnungs-bilanz und Anhang	entfällt § 33 Abs. 1 S. 3 DMBilG	§ 33 Abs. 1 S. 1 DMBilG
	Frist	–	Begrenzung durch die Feststellungsfrist und durch die auf den 30. 06. 1991 erweiterte Verbundmöglichkeit mit Gründungs- bzw. Umwandlungsprüfung (§ 33 Abs. 2 DMBilG)
Offenlegungs-pflicht	Eröffnungs-bilanz und Anhang	verkürzt § 37 Abs. 1 S. 2 DMBilG i. V. m. § 326 HGB	mittelformatig § 37 Abs. 1 S. 2 DMBilG i. V. m. § 327 HGB / vollständig § 37 Abs. 1 S. 2 DMBilG i. V. m. § 325 Abs. 1 HGB
	Alttermin Neutermin	30. 06. 1991 31. 10. 1991 § 37 Abs. 1 DMBilG i. V. m. § 326 S. 1 HGB	31. 03. 1991 31. 07. 1991 § 37 Abs. 1 DMBilG i. V. m. § 325 Abs. 1 HGB

Abb. 10: Vorschriften des DMBilG zu der DM-Eröffnungsbilanz und dem zugehörigen Anhang für Kapitalgesellschaften in den neuen Bundesländern

Rückwirkende Berücksichtigung von Umstrukturierungen	§ 1 Abs. 5 bzw. § 4 Abs. 3 DMBilG: Möglichkeit rückwirkender Berücksichtigung zum 01. 07. 1990 von bis 30. 06. 1991 vorgenommenen Umstrukturierungen (Gründung, Umwandlung, Spaltung, Verschmelzung, Entflechtung u.ä.); keine Eröffnungsbilanz bei Weggabe aller Vermögensgegenstände und Schulden u.ä. bis 30. 06. 1991.		
Wertberichtigungen	§ 7 Abs. 1 DMBilG: Alle wesentlichen Werterhöhungen, die bis zum 31. 10. 1990 (4 Monate nach Stichtag der Eröffnungsbilanz) eintreten, müssen in der Eröffnungsbilanz noch berücksichtigt werden (Erweiterung des Wertaufhellungsprinzips). § 36 Abs. 1 und Abs. 2 DMBilG: Berichtigungspflicht in späteren Jahresabschlüssen, sofern in der Eröffnungsbilanz Vermögensgegenstände oder Schulden in ungerechtfertigter Höhe (also zu hoch oder zu niedrig) oder gar nicht angesetzt waren. § 36 Abs. 4 DMBilG: Berichtigungsmöglichkeit bis Ende 1994		
Neuordnung der Kapitalausstattung 1. Ablehnung der Ausgleichsforderung	Schriftlich innerhalb von 3 Monaten nach Vorlage der festgestellten Eröffnungsbilanz (§ 24 Abs. 1 S. 1 DMBilG)		
	Alttermin	31. 05. 1991 für kleine Kapges.	28. 02. 1991 für mittelgroße und große Kapitalges.
	Neutermin	31. 12. 1991 für kleine Kapges.	30. 09. 1991 für mittelgroße und große Kapitalges.

2. Neufestsetzung der Kapitalverhältnisse privater Unternehmen		Betrifft Unternehmen, die bis zum 30. 06. 1990 in einer Rechtsform des privaten Rechts entstanden oder zur Eintragung in das Handelsregister angemeldet, aber noch nicht eingetragen worden sind, und keine Unternehmen im Sinne des § 24 Abs. 1 S. 1 DMBilG sind (§ 27 Abs. 1 DMBilG).
	vorläufige Kapitalfestsetzung	§ 28 Abs. 1 DMBilG: Anstatt einer endgültigen ist eine vorläufige Kapitalneufestsetzung möglich.
	Ausgleich des Kapitalentwertungskontos	innerhalb von 5 Geschäftsjahren bis 31. 12. 1995 § 28 Abs. 2 DMBilG i. V. m. § 58 Abs. 1 S. 2 DMBilG
	Auflösung	§ 57 Abs. 1 S. 1 DMBilG: Auflösung einer Kapitalgesellschaft erfolgt, wenn bis zum 31. 12. 1991 weder eine endgültige, noch eine vorläufige Kapitalfestsetzung vorgenommen wird. § 57 Abs. 3 DMBilG: Wenn die Durchführung des Ausgleichs von einer Kapitalgesellschaft nicht bis 31. 12. 1997 in das Handelsregister eingetragen wird.

Abb. 11: Sonder-Regelungen des DMBilG zur Bewertung und zur Kapitalausstattung
Quellen zu Abb. 10 und Abb. 11:
Gesetz über die Eröffnungsbilanz in Deutscher Mark und die Kapitalfestsetzung (D-Markbilanzgesetz-DMBilG), EVertr/Anl. II Kap. I. Sachgeb. D Abschn. I Nr. 1 (BGBl. 1990 II S. 1169)
Gesetz zur Beseitigung von Hemmnissen bei der Privatisierung von Unternehmen und zur Förderung von Investitionen v. 15.03. 1991 (BT-Drucksache 12/103 und 12/254)
Grünewald, A., Stibi, B., Die neuen Termine und Fristen nach der Änderung des DMBilG, bilanz & buchhaltung 5/91
Strobel, W., Das geänderte D-Mark-Bilanzgesetz mit der Privatisierungsreform, in: Blick durch die Wirtschaft vom 21. März 1991, S. 7
Wysocki, K., Die D-Markeröffnungsbilanz von Unternehmen in der DDR, Stuttgart 1990, S. 31 ff.

Abkürzungen

AktG	Aktiengesetz
AO	Abgabenordnung
AuslInvG	Auslandsinvestitionsgesetz
BerlinFG	Berlinförderungsgesetz
BiRiLiG	Bilanzrichtlinien-Gesetz vom 19.12.1985
DMBilG	D-Markbilanzgesetz
EGHGB	Einführungsgesetz zum Handelsgesetzbuch
EStG	Einkommensteuergesetz
EStDV	Einkommensteuerdurchführungsverordnung
EStR	Einkommensteuerrichtlinien
GenG	Genossenschaftsgesetz
GmbHG	Gesetz betreffend die Gesellschaft mit beschränkter Haftung
HGB	Handelsgesetzbuch
HStruktG	Haushaltsstrukturgesetz
InvZulG	Investitionszulagengesetz
KWG	Kreditwesengesetz
OWiG	Gesetz über Ordnungswidrigkeiten
PublG	Publizitätsgesetz
StGB	Strafgesetzbuch
StRefG	Steuerreformgesetz 1990 v. 25.7.1988, BStBl I 1988, S. 224
UStG	Umsatzsteuergesetz
VAG	Versicherungs-Aufsichts-Gesetz
WoBauFG	Gesetz zur steuerlichen Förderung des Wohnungsbaus und zur Ergänzung des Steuerreformgesetzes v. 22.12.1989, BGBl I 1989, S. 2408

Literaturverzeichnis

Bücher, Beiträge in Sammelwerken und Aufsätze

Adler, H./Düring, W./Schmaltz, K.: Rechnungslegung und Prüfung der Unternehmen, 5. Aufl., Stuttgart 1987.

Albach, H./Forster, K.-H. (Hrsg.): Bilanzrichtlinien-Gesetz, ZfB-Ergänzungsheft 1/1987, Wiesbaden 1987.

Baetge, J. (Hrsg.): (Jahresabschluß) Der Jahresabschluß im Widerstreit der Interessen, Düsseldorf 1983.

Baetge, J. (Hrsg.): (Abschlußprüfung) Abschlußprüfung nach neuem Recht, Stuttgart 1988.

Baetge, J./Fischer, Th.: Zur Aussagefähigkeit der Gewinn- und Verlustrechnung nach neuem Recht, in: Zeitschrift für Betriebswirtschaft, Ergänzungsheft 1/1987, S. 175 ff.

Baetge, J./Fischer, Th./Paskert, D.: Der Lagebericht, Stuttgart 1989.

Bartram, W.: (Zahlungsunfähigkeit) Zur Prognose der Zahlungsunfähigkeit eines Unternehmens auf der Grundlage von Jahresabschlußinformationen, in: Neuere Entwicklungen in der Produktions- und Investitionspolitik, hrsg. von Adam, D., Wiesbaden 1987, S. 217 ff.

Bartram, W.: (Finanzlage) Einblick in die Finanzlage eines Unternehmens aufgrund seiner Jahresabschlüsse, in: Der Betrieb, 48/1989, S. 2389 ff.

Bauer, J.: Zur Rechtfertigung von Wahlrechten in der Bilanz, in: Betriebs-Berater, 13/1981, S. 766 ff.

Beck'scher Bilanz-Kommentar: Der Jahresabschluß nach Handels- und Steuerrecht, 2. Aufl., München 1990.

Betge, P.: Zur Bedeutung des Anhangs innerhalb der Rechnungslegung nach dem Bilanzrichtlinien-Gesetz, in: Das Wirtschaftsstudium (WISU), 1/1988, S. 26 ff.

Betriebswirtschaftlicher und Finanzausschuß des Verbandes der Chemischen Industrie e. V.: Erfassung und Verrechnung von Kosten der Unterbeschäftigung, in: Der Betrieb, 39/1977, S. 1810 ff.

Biergans: E.: Einkommensteuer und Steuerbilanz, 4. Aufl., München 1988.

Busse von Colbe, W./Chmielewicz, K.: Das neue Bilanzrichtliniengesetz, in: Die Betriebswirtschaft, 46. Jg (1986), S. 289 ff.

Busse von Colbe, W. u. a. (Hrsg.): Aufstellung von Konzernabschlüssen, ZfbF-Sonderheft 21/1987, Düsseldorf 1987.

Castan, E.: Rechnungslegung der Unternehmung, 3. Aufl., München 1990.

Chmielewicz, K.: Betriebliches Rechnungswesen, Bd. 1: Finanzrechnung und Bilanz, Reinbek bei Hamburg 1973.

Coenenberg, A. G.: (Aufgaben) Jahresabschluß und Jahresabschlußanalyse – Aufgaben und Lösungen, 3. Aufl., München 1988.

Coenenberg, A. G. u. a.: (Einzelbilanz) Die Einzelbilanz nach neuem Handelsrecht, Düsseldorf 1986.

Coenenberg, A. G.: (Jahresabschluß) Jahresabschluß und Jahresabschlußanalyse, 11. Aufl., Landsberg am Lech 1990.

Delfs, E.: Derivativer oder originärer Geschäftswert (§ 153 Abs. 5 AktG)?, in: Der Betrieb, 25/1987, S. 1194.

Deutsche Treuhand-Gesellschaft (Hrsg.): Einführung in das Bilanzrichtlinien-Gesetz, Berlin/Frankfurt a. M. (1986).

Eisele, W.: Technik des betrieblichen Rechnungswesens: Buchführung, Kostenrechnung, Sonderbilanzen, 3. Aufl., München 1988.

Faller, E.: Der Grundsatz der Einzelbewertung und die Notwendigkeit zu seiner Durchbrechung unter Berücksichtigung des Bilanzrichtlinien-Gesetzentwurfs, in: Betriebs-Berater, 31/1985, S. 2017 ff.

Federmann, R.: Bilanzierung nach Handels- und Steuerrecht, 7. Aufl., Berlin 1989.

Förschle, G./Kropp, M.: Die Bewertungsstetigkeit im Bilanzrichtlinien-Gesetz, in: Zeitschrift für Betriebswirtschaft, 56. Jg. (1986), S. 873 ff.

Forster, K.-H.: (Bilanzpolitik) Bilanzpolitik und Bilanzrichtlinie-Gesetz – welche Freiräume bleiben noch?, in: Betriebs-Berater, 1/1983, S. 32 ff.

Forster, K.-H.: (Bewertungsstetigkeit) Bewertungsstetigkeit –

was sie ist und was sie nicht ist, in: Der Wirtschaftsprüfer im Schnittpunkt nationaler und internationaler Entwicklung, FS zum 60. Geb. von K. v. Wysocki, hrsg. v. Gross, G., Düsseldorf 1985, S. 29 ff.

Freidank, C.-Chr.: Zielsetzungen und Instrumente der Bilanzpolitik bei Aktiengesellschaften, in: Der Betrieb, 7/1982, S. 337 ff.

Glade, A.: Rechnungslegung und Prüfung nach dem Bilanzrichtlinien-Gesetz, Herne/Berlin 1986.

Göllert, K./Ringling, W.: Bilanzrichtlinien-Gesetz – Einführung, Texte, Materialien, 2. Aufl., Heidelberg 1986.

Gräfer, H.: (Bilanzanalyse) Bilanzanalyse nach der neueren Rechnungslegung, 4. Aufl., Herne/Berlin 1988.

Gräfer, H.: (Jahresabschluß) Der Jahresabschluß der GmbH unter besonderer Berücksichtigung der kleinen und mittelgroßen Gesellschaften, 2. Aufl., Herne/Berlin 1988.

Gross, G./Schruff, L.: Der Jahresabschluß nach neuem Recht, 3. Aufl., Düsseldorf 1986.

Haeger, B.: Zur Aufhebung des strengen Wertzusammenhangs im Steuerrecht, in: Der Betrieb, 11/1990, S. 541 ff.

Heinen, E.: Handelsbilanzen, 12. Aufl., Wiesbaden 1986.

Herrmann, C./Heuer, G./Raupach, A.: Kommentar zur Einkommensteuer und Körperschaftsteuer (einschließlich Nebengesetze), 19. Aufl., Köln 1982.

Hilber, W./Vogel, K.: Das neue GmbH-Gesetz, Wiesbaden 1980.

Hilke, W.: (Bilanzierungswahlrechte) Bilanzierungswahlrechte nach neuem und altem Recht – ein vergleichender Überblick, in: Das Wirtschaftsstudium (WISU), 11/1986, S. 539 ff.

Hilke, W.: (Bewertungswahlrechte) Änderungen bei den Bewertungswahlrechten durch das Bilanzrichtlinien-Gesetz, in: Das Wirtschaftsstudium (WISU), 5/1987, S. 245 ff.

Hilke, W.: (Development) Development of External Accounting in the FRG According to the 4th and 7th EC Directives – The New German Accounting and Reporting Law, in: Adjustment Problems in Advanced Open Economies: Japan and Germany, hrsg. v. Th. Dams/T. Matsugi, Berlin 1989, S. 119 ff.

Hilke, W.: (Neutrale Aufwendungen) Neutrale Aufwendungen und Erträge, in: Handwörterbuch des Rechnungswesens, 3. Aufl., Stuttgart 1991, Sp. 0000

Hilke, W./Zinke, D.: (Zurechnung) Steuerliche Zurechnung von Wirtschaftsgütern bei Mobilien-Leasing-Verträgen, in: Das Wirtschaftsstudium (WISU), 4/1983, S. 163 ff.

Hilke, W./Zinke, D.: (Mobilien-Leasing) Mobilien-Leasing in der Steuerbilanz, in: Das Wirtschaftsstudium (WISU), 6/1983, S. 256 ff.

Hilke, W./Mähling, F.-W./Ringwald, R./Zinke, D.: Die Examensklausur aus der Betriebswirtschaftslehre – A. Zum Maßgeblichkeitsprinzip der Handelsbilanz für die Steuerbilanz ..., in: Das Wirtschaftsstudium (WISU), 1/1981, S. 26 und 2/1981, S. 75 ff.

Hoffmann, W.-D.: Einführung in die Brutto-Entwicklung des Anlagevermögens nach dem Bilanzrichtlinien-Gesetz, in: Betriebs-Berater, 21/1986, S. 1398 ff.

Huth, H./Hintzen, L.: Grundsätze der Bilanzierung von im Außenhandel gelieferten Waren – Importwarenabschlag, Preissteigerungsrücklage und Teilwertabschreibung, in: Der Betrieb, 35/1978, S. 1660 ff.

Institut der Wirtschaftsprüfer in Deutschland e. V. (Hrsg.): Wirtschaftsprüfer-Handbuch 1985/86, Bd. I und II, 9. Aufl., Düsseldorf 1985 und 1986.

Jacob, H. (Bewertungsproblem) Das Bewertungsproblem in den Steuerbilanzen, Wiesbaden 1961.

Jacob, H.: (Wert) Wert und Wertansätze in der Betriebswirtschaftslehre, in: Das Wirtschaftsstudium (WISU), 1/1972, S. 3 ff.

Jacob, H.: (Gewinnbegriffe) Gewinnbegriffe und Kapitalerhaltung, in: Das Wirtschaftsstudium (WISU), 8/1972, S. 355 ff.

Jacobs, O. H.: (Bilanzierungsproblem) Das Bilanzierungsproblem in der Ertragsteuerbilanz, Stuttgart 1971.

Janssen, H.: Die Zweijahresinventur des Vorratsvermögens, in: Die Wirtschaftsprüfung, 10/1978, S. 296 ff.

Kleinsorge, W.: Bewertungsabschlag für Importwaren nach § 80 EStDV: Bearbeitung nach dem Bilanzstichtag, in: Der Betrieb, 4/1963, S. 113.

Klöne, H.: Steuerplanung, Neuwied 1980.

Koch, H.: Die Problematik des Niederstwertprinzips, in: Die Wirtschaftsprüfung, 1957, S. 1 ff., S. 31 ff. und S. 60 ff.

Koerner, W.: Bilanzsteuerrecht in der Praxis, 7. Aufl., Herne/ Berlin 1986.

Kommission Rechnungswesen im Verband der Hochschullehrer für Betriebswirtschaft e. V.: Reformvorschläge zur handelsrechtlichen Rechnungslegung, in: Die Betriebswirtschaft, 39. Jg. (1979), H. 1a.

Kottke, K.: (Bilanzstrategie) Bilanzstrategie und Steuertaktik, 3. Aufl., Herne/Berlin 1978.

Kresse, W./Kotsch-Faßhauer, L./Leuz, N.: Neues Bilanzieren, Prüfung und Buchen nach dem Bilanzrichtlinien-Gesetz, 2. Aufl., Stuttgart 1988.

Kropff, B.: Aktiengesetz 1965, Düsseldorf 1965.

Küffner, P./Rieke, W.: Alle legalen Maßnahmen zur Senkung der Steuerbelastung im Unternehmen, Kissing 1981.

Küting, K./Weber, C.-P. (Hrsg.): Handbuch der Rechnungslegung, Kommentar zur Bi-lanzierung und Prüfung, 3. Aufl., Stuttgart 1990.

Kupsch, P.: (Steuerfreie Investitionszulagen) Die Behandlung steuerfreier Investitionszulagen im Jahresabschluß, in: Der Betrieb, 8/1979, S. 365 ff.

Kupsch, P.: (Überschuldung) Zur Problematik der Überschuldungsmessung, in: Betriebs-Berater, 3/1984, S. 159 ff.

Kupsch, P.: (Aufwandsrückstellungen) Bilanzierung und Bewertung von Aufwandsrückstellungen nach § 249 Abs. 2 HGB, in: ZfB-Ergänzungsheft 1/1987, S. 67 ff.

Leffson, U.: (Bilanzanalyse) Bilanzanalyse, 3. Aufl., Stuttgart 1984.

Leffson, U.: (Grundsätze) Die Grundsätze ordnungsmäßiger Buchführung, 7. Aufl., Düsseldorf 1987.

Leffson, U.: (Vorschriften) Ausformulierte und nicht ausformulierte gesetzliche Vorschriften im Bilanzrecht des HGB, in: Die Betriebswirtschaft, 47. Jg. (1987), S. 3 ff.

Leffson, U. (Hrsg.): (Handwörterbuch) Handwörterbuch unbestimmter Rechtsbegriffe im Bilanzrecht des HGB, Köln 1986.

Linn, D.: Offene Fragen beim Maßgeblichkeitsprinzip der Handelsbilanz für die Steuerbilanz bei handelsrechtlichen Bilanzierungswahlrechten, in: Betriebs-Berater, 4/1973, S. 186 ff.

Littmann, E.: Das Einkommensteuerrecht – Kommentar zum Einkommensteuergesetz, 3 Bde., 15. Aufl., Stuttgart 1989.

Ludewig, R.: Möglichkeiten der verdeckten Bilanzpolitik für Kapitalgesellschaften auf der Grundlage des neuen Rechts, in: Zeitschrift für Betriebswirtschaft, 57. Jg. (1987), S. 426 ff.

Maul, K.-H.: Geschäfts- und Konzernlagetäuschungen als Bilanzdelikte, in: Der Betrieb, 4/1989, S. 185 ff.

Meyer, C.: Bilanzierung nach Handels- und Steuerrecht unter Einschluß der Konzernrechnungslegung, 7. Aufl., Herne/ Berlin 1988.

Moxter, A.: (Bilanzpolitik) Bilanzpolitik und Wahlrechtsproblematik, in: Die Führung des Betriebes, Festschrift für C. Sandig, hrsg. v. M. Geist/R. Köhler, Stuttgart 1981, S. 447 ff.

Moxter, A.: (Bilanzlehre I) Bilanzlehre, Bd. I: Einführung in die Bilanztheorie, 3. Aufl., Wiesbaden 1984.

Moxter, A.: (Bilanzlehre II) Bilanzlehre, Bd. II: Einführung in das neue Bilanzrecht, 3. Aufl., Wiesbaden 1986.

Moxter, A.: (Bilanzrechtsprechung) Bilanzrechtsprechung, 2. Aufl., Tübingen 1985.

Niehaus, R. J.: True and Fair View – in Zukunft auch ein Bestandteil der deutschen Rechnungslegung?, in: Der Betrieb, 5/1979, S. 221 ff.

Peat/Marwick/Mitchell & Co. (Hrsg.): Executive Overview New German Accounting and Reporting Legislation, München 1986.

Philipp, W.: Pensionsrückstellungen als Wundertüte, in: Frankfurter Allgemeine Zeitung, Nr. 218 v. 21. 9. 1981, S. 13 und 15.

Pougin, E.: (Bilanzpolitik) Bilanzpolitik, in: Schriften zur Unternehmensführung, Bd. 10: Bilanzpolitik und Bilanztaktik, Wiesbaden 1969, S. 5 ff.

Pougin, E.: (Ertragsteuerbilanz) Ertragsteuerbilanz, Stuttgart

1981.

Räuber, D.: Der Lagebericht, in: Betriebs-Berater, 19/1988, S. 1285 ff.

Rau, H.-G.: Übertragung von Pensionsverpflichtungen auf eine Unterstützungskasse, in: Der Betrieb, 11/1979, S. 520 ff.

Reige, J.: Publizitätspraxis und Nutzung ausgewählter handelsrechtlicher Wahlrechte, in: Betriebs-Berater, 24/1989, S. 1648 ff.

Ringwald, R.: (Sonderposten) Sonderposten mit Rücklageanteil, in: Betriebs-Berater, 35/36 1984, S. 2235 ff.

Ringwald, R.: (Rückstellungen) Rückstellungen, in: Das Wirtschaftsstudium (WISU), 6/1986, Studienblatt.

Rümmele, J.: Die Bedeutung der Bewertungsstetigkeit für die Bilanzierung, Diss., Freiburg 1990.

Rupp, R.: Pensionsrückstellungen – Änderungen nach dem 2. Haushaltsstrukturgesetz 1982, in: Wirtschaftswissenschaftliches Studium (WiSt), 2/1983, S. 90 ff.

Scheffler, H. E.: Steuerbilanztaktik – Bilanztaktische Möglichkeiten in der Steuerbilanz, in: Schriften zur Unternehmensführung, Bd. 10: Bilanzpolitik und Bilanztaktik, Wiesbaden 1969, S. 47 ff.

Scherrer, G./Obermeier, I.: Zur Zulässigkeit alternativer Verfahren der Stichprobeninventur. Anmerkungen zur IDW-Verlautbarung: Stichprobenverfahren für die Vorratsinventur zum Jahresabschluß, in: Zeitschrift für Betriebswirtschaft, 50. Jg. (1980), S. 500 ff.

Schmalenbach, E.: Dynamische Bilanz, 13. Aufl., Köln 1962.

Schmidt, F.: Die organische Bilanz im Rahmen der Wirtschaft, Faksimile-Druck der Ausgabe V. 1921, Wiesbaden 1979.

Schneider, D.: (Problematik) Die Problematik betriebswirtschaftlicher Teilwertlehren, in: Die Wirtschaftsprüfung, 11/1969, S. 305 ff.

Schneider, D.: (Maßgeblichkeit) Maßgeblichkeit der Handelsbilanz für die Steuerbilanz und Besteuerung nach der Leistungsfähigkeit, in: Betriebs-Berater, 32/1978, S. 1577 ff.

Schneider, D.: (Steuerbilanzen) Steuerbilanzen, Wiesbaden 1978.

Schult, E.: Bilanzanalyse, 7. Aufl., Freiburg i. Br. 1988.

Schulte, K.-W.: Das Imparitätsprinzip als Grundsatz ordnungsmäßiger Buchführung, in: Das Wirtschaftsstudium (WISU), 2/1979, S. 63 ff.

Siegel, Th.: (Aufwandsrückstellungen) Echte Aufwandsrückstellungen und der Wandel des Gesellschafterschutzes im neuen Bilanzrecht, in: Betriebs-Berater, 13/1986, S. 841 ff.

Siegel, Th.: (Latente Steuern) Latente Steuern: Konzeptionsprobleme und Anwendungsfragen zur Bilanzierung nach § 247 HGB, in: Zeitschrift für Betriebswirtschaft, Ergänzungsheft 1/1987, S. 137 ff.

Surmann, F./Tietje, A.-W.: Anschaffungskosten für Anlagegüter bei Kaufpreis in Fremdwährung und schwankenden Wechselkursen, in: Der Betrieb, 3/1979, S. 124 f.

Tiedemann, K.: (GmbH-Strafrecht) GmbH und Strafrecht, in: Scholz, F. (Hrsg.): Kommentar zum GmbH-Gesetz, Bd. 2, §§ 45–85, 6. Aufl., Köln 1978/1983.

Tiedemann, K.: (Konkurs-Strafrecht) Konkurs-Strafrecht, Berlin/New York 1985.

Tiedemann, K.: (Bilanzstrafrecht) Bilanzstrafrecht, in: Handwörterbuch des Wirtschafts- und Steuerstrafrechts, hrsg. v. Krekeler, W. et al., Köln 1987, S. 1 ff.

Tietze, H.: Aktuelle Probleme des Sonderpostens mit Rücklageanteil, in: Der Betrieb, 12/1990, S. 593 ff.

Treuarbeit (Hrsg.): (Jahresabschlüsse) Jahresabschlüsse '87 – Ausweis, Gestaltung, Berichterstattung, Düsseldorf 1989.

Treuarbeit (Hrsg.): (Jahres- und Konzernabschlüsse) Jahres- und Konzernabschlüsse '88 – Ausweis, Gestaltung, Berichterstattung, Düsseldorf 1990.

Treuberg, H. von: Die Bedeutung der Wertaufholung aus betriebswirtschaftlicher und bilanzpolitischer Sicht, in: Zeitschrift für Betriebswirtschaft, Ergänzungsheft 1/1987, S. 119 ff.

Tubbesing, G.: (True and Fair View) A True and Fair View im englischen Verständnis und 4. EG-Richtlinie, in: Die Aktiengesellschaft, 4/1979, S. 91 ff.

Tuchenhagen, H.: Vom Trägerunternehmen willkürlich überhöhte Dotierungen sind keine Betriebsausgaben, in: Handelsblatt Nr. 200 v. 19./20. 10. 1984, S. 27.

Weilbach, E.: Der Sonderposten mit Rücklageanteil – Scharnier der Maßgeblichkeit der Handelsbilanz, in: Betriebs-Berater, 26/1989, S. 1788 ff.
Weiße, G.: Kommentar zu § 7 EStG, in: Bordewin/Charlier/Gérard (Hrsg.): NWB-Handkommentar zum Einkommensteuergesetz, Herne/Berlin 1982, S. 351 ff.
Wenzel, H.: Kommentar zu § 7a EStG, in: Bordewin/Charlier/Gérard (Hrsg.): NWB-Handkommentar zum Einkommensteuergesetz, Herne/Berlin 1982, S. 395 ff.
Wirtschaftsgesetze nach Änderung durch das Bilanzrichtlinien-Gesetz, 5. Aufl., Düsseldorf 1988.
Wöhe, G.: (Handelsbilanz) Die Handels- und Steuerbilanz, München 1977.
Wöhe, G.: (Steuerlehre) Betriebswirtschaftliche Steuerlehre, Bd. II/1: Der Einfluß der Besteuerung auf die Wahl und den Wechsel der Rechtsform des Betriebes, 6. Aufl., München 1986.
Wöhe, G.: (Bilanzierung) Bilanzierung und Bilanzpolitik, 7. Aufl., München 1987.
Wöhe, G./Bilstein, J.: Grundzüge der Unternehmensfinanzierung, 5. Aufl., München 1988.
Wysocki, K. v.: Aussagefähigkeit des Lageberichts, in: Coenenberg, A. G. (Hrsg.): Bilanzanalyse nach neuem Recht, Landsberg 1989, S. 257 ff.
Wysocki, K. v./Wohlgemuth, M.: Konzernrechnungslegung, 3. Aufl., Düsseldorf 1986.
Zinke, D.: (Leasing-Formen) Leasing-Formen, in: Das Wirtschaftsstudium (WISU), 8/1980, Studienblatt.
Zinke, D.: (Mobilien-Leasing) Mobilien-Leasing – Eine kritische Analyse und Beurteilung des Leasings aus der Sicht des Leasing-Nehmers, Hamburg/Freiburg 1983.
o. V.: (Herstellungs- und Erhaltungsaufwand) Abgrenzung zwischen Herstellungs- und Erhaltungsaufwand bei Gebäuden, in: Die Wirtschaftsprüfung, 9/1978, S. 278.
o. V.: (Gebäuderestwert, Abbruchkosten) Entscheidung des Großen Senates zur Frage, ob der Erwerber eines bebauten Grundstücks, der nachher das Gebäude abreißt, den Restbuchwert des abgebrochenen Gebäudes und die Ab

bruchkosten als Betriebsausgaben (Werbungskosten) absetzen kann, in: Der Betrieb, 48/1978, S. 2296 ff.
o. V.: (Arbeitsplätze) Die Publizitätspflicht kostet Arbeitsplätze, in: Handelsblatt, Nr. 189 v. 2./3. 10. 1987, S. 1.
o. V.: (Umsatzkostenverfahren) Umsatzkostenverfahren, in: Der Betrieb, 45/1988, S. XI.
o. V.: (Publizitätspflicht) 93 % aller GmbHs pfeifen auf die Publizitätspflicht, in: Impulse 4/1989, S. 166 ff.
o. V.: (Bilanz-Veröffentlichung) Nur wenige Firmen in Südbaden veröffentlichen ihre Bilanz, in: Badische Zeitung v. 3. 10. 1989, S. 10.
o. V.: (Lifo) Die Zauberformel Lifo macht Ihr Lager zur Goldgrube, in: Impulse, 10/1989, S. 197 ff.

Geschäftsberichte (ab 1987)

Alldephi – Allgemeine Deutsche Philips Industrie GmbH
Asea Brown Boveri AG
ASKO Deutsche Kaufhaus AG
BASF AG
Batig Gesellschaft für Beteiligungen mbH
Bayer AG
BBS Kraftfahrzeugtechnik AG
Beiersdorf AG
Bewag AG
Bilfinger + Berger Bau AG
BMW AG
Robert Bosch GmbH
Hugo Boss AG
BSW-Badische Stahlwerke AG
Daimler-Benz AG
Degussa AG
Deutsche Bank AG
Deutsche BP AG
Deutsche Lufthansa AG
Deutsche Texaco AG

Dresdner Bank AG
Enka AG
Esso AG
Felten & Guilleaume Energietechnik AG
Ford-Werke AG
Gehe AG
Großversandhaus Quelle – Gustav Schickedanz KG
Hapag Lloyd AG
Henkel KGaA
HEW AG
Hochtief AG
Hoechst AG
Hoesch AG
Industrie-Kredit-Bank (IKB)
Kali-Chemie AG
Klöckner-Humboldt-Deutz AG
Klöckner & Co. KGaA
Kraus-Maffei AG
Krupp Stahl AG
Leifheit AG
Linde AG
MAN AG
Mannesmann AG
Minolta Camera Handelsgesellschaft mbH
Adam Opel AG
Preussag AG
PWA AG
Rheinstahl AG
Ruhrkohle AG
Ruhrkohle-Konzern
RWE AG
Saarbergwerk AG
Salamander AG
Salzgitter AG
Schering AG
Schmalbach-Lubeca AG
Siemens AG
Siemens Konzern

Standard Elektrik Lorenz AG
Strabag-Konzern
Süddeutsche Zucker AG
Thyssen AG
Union Carbide GmbH
VEW AG
Volkswagen AG
VOLVO Deutschland GmbH
Otto Wolff AG
Ymos AG
Zahnradfabrik Friedrichshafen AG

Wichtige Anschriften

Verband der steuerberatenden und wirtschaftsprüfenden Berufe von Berlin und Brandenburg e.V., W–1000 Berlin 15, Kurfürstendamm 200, Tel. 0 30/ 8 81 29 71

Steuerberaterkammer Brandenburg,
Präsident: StB Reinhard Satory,
Otto-Grotewohl-Straße 60, O–1580 Potsdam,
Tel. 00 37 33/8 65 57

Steuerberaterkammer Mecklenburg-Vorpommern,
Präsident: Dipl.-Ing. oec., Ing. Dieter Breitsprecher,
Steuerbevollmächtigter,
Blücherstraße 88, O–2500 Rostock,
Tel. 00 37 81/3 43 65

Steuerberaterkammer Sachsen-Anhalt,
Präsident: Giesbert Page, Steuerbevollmächtigter,
Breiter Weg 212a,
O–3010 Magdeburg, Tel. 00 37 91/34 41 09

Steuerberaterkammer Thüringen,
Präsident: StB Friedhelm Riemekasten,
Stammweg 13, O–5600 Leinefelde,
Tel. 00 37 627/27 32

Steuerberaterkammer Sachsen
Präsident: StB Dr. Winfried Becker,
Rosa-Luxemburg-Str. 19/21,
O–7010 Leipzig, Tel. 00 37 41/6 46 51

Deutscher Steuerberaterverband,
Bertha-von-Suttner-Platz 25, W–5300 Bonn 1,
Tel. 02 28/65 37 73

Steuerberaterverband Thüringen e.V.,
Vorsitzender: StB Heinz Stötzer,
Engelsbacherweg 2, Postfach 56 58 04,
O–5804 Friedrichroda, Tel. 00 37/62 27 47 11

Steuerberaterverband Sachsen e.V.,
Präsident: StB Joachim Linke,
An der Pikardie 2, O–8020 Dresden

Steuerberaterverband Mecklenburg e.V.,
Vorsitzender: StB Hans-Joachim Hochbaum,
Lübeckerstr. 91, O–2954 Schwerin

Bundesverband der Bilanzbuchhalter,
Friedrich-Ebert-Allee 73/75, W–5300 Bonn 1,
Tel. 02 28/23 97 90

Kölner Steuer-Fachschule, An der Hahnepooz 8 (Rudolfplatz),
W–5000 Köln 1, Tel. 02 21/21 21 60

Steuerberaterverein Nordrhein-Westfalen
Tersteegenstraße 14, W–4000 Düsseldorf 30,
Tel. 02 11/45 61 194

Bundessteuerberaterkammer, Postfach 1340,
W–5300 Bonn 1, Tel. 02 28/7 26 39-0

Deutsche Steuerjuristische Gesellschaft e.V.,
Stollberger Straße 92, W–5000 Köln 41, Tel. 02 21/54 10 09

Deutsches Anwaltsinstitut e.V., Postfach 10 11 09,
W–4630 Bochum 1, Tel. 02 34/1 50 81

Wiederkehrende Veranstaltungen

Arbeits- und Diskussionstagung des Steuerberatervereins Nordrhein-Westfalen e.V.
Veranstalter: Steuerberaterverein Nordrhein-Westfalen,
Verein der Steuerberater Wirtschaftsprüfer,
vereidigten Buchprüfer Köln e.V., Postfach 32 11 47,
W–4000 Düsseldorf 30, Tel. 02 11/45 61 194

Steuerfachtagung
Veranstalter: Steuerberaterverein Nordrhein-Westfalen,
Verein der Steuerberater Wirtschaftsprüfer,
vereidigten Buchprüfer Köln e.V., Postfach 32 11 47,
W–4000 Düsseldorf 30, Tel. 02 11/45 61 194

Deutscher Steuerberatertag
Veranstalter: Deutscher Steuerberaterverband,
Bertha-von Suttner-Platz 25, W–5300 Bonn,
Tel. 02 28/65 37 73

Deutsch-deutsches Steuerberater-Symposium
Veranstalter: Deutscher Steuerberaterverband,
Bertha-von Suttner-Platz 25, W–5300 Bonn,
Tel. 02 28/65 37 73

Europa-Kongreß der Steuerberater
Veranstalter: Bundessteuerberaterkammer, Dechenstr. 14,
Postfach 13 40, W–5300 Bonn 1, Tel. 02 28/7 26 39-0

Deutscher Steuerberaterkongress
Veranstalter: Bundessteuerberaterkammer, Dechenstr. 14,
Postfach 13 40, W–5300 Bonn 1, Tel. 02 28/7 26 39-0

Deutscher Bilanzbuchhalter-Kongress
Veranstalter: Bundesverband der Bilanzbuchhalter e.V.,
Bundesgeschäftsstelle: Konrad-Adenauer-Haus,
Friedrich-Ebert-Allee 73-75, W-5300 Bonn 1,
Tel. 02 28/23 97 90

**Informationstagung und Fachausstellung
für die Steuerberaterpraxis**
Veranstalter: DATEV eG, Paumgartnerstraße 6-14,
W-8500 Nürnberg 80, Tel. 09 11/2 76 32 09

Jahrestagung der Deutschen Steuerjuristischen Gesellschaft e.V.
Veranstalter: Deutsche Steuerjuristische Gesellschaft e.V.,
Stollberger Straße 92, W-5000 Köln 41, Tel. 02 21/54 10 09

Steuerrechtliche Jahrearbeitstagung
Veranstalter: Deutsches Anwaltsinstitut e.V.,
Postfach 10 11 09, W-4630 Bochum 1, Tel. 02 34/1 50 81

Münchner Steuerfachtagung
Veranstalter: Münchner Steuerfachtagung e.V.,
Wendelsteinstraße 8, W-8032 Gräfeling, Tel. 0 89/8 54 16 95

Stichwortverzeichnis

A

Abgrenzungsprinzip 83
Abschlußprüferdelikt 98 ff.
Abschreibung, Methodenwechsel 84, 86 f.
Abschreibungen
– außerplanmäßige 79
– im Anlagespiegel 26
(Aktivierungs-)Wahlrechte für Rechnungsabgrenzungsposten 66 f.
Anhang 7 f., 34 ff.
– Angaben 34 ff.
– Erstellungspflichten 18 f.
– Offenlegungspflichten 19
– Schutzklausel 41
Anlagegitter 26
Anlagespiegel 26 f.
– Aufbau 27
Anlagevermögen 79, 89 f.
Ansatzvorschriften 55 ff., 67 f.
Anschaffungskosten 78, 80, 89 ff.
Anschaffungswert-Prinzip 70
Aufbewahrungsfristen 53
Aufwendungen 83
– für die Beschaffung des Eigenkapitals 59
– für die Gründung des Unternehmens 59
Ausgaben 83
Ausweiswahlrecht 24, 26, 28, 30, 33

B

Beständebilanz 5 f., 51, 55, 58
– Aufstellung 72
– Inhalt 58
Betriebsergebnis 32
Bewertung, Problem der 68 f.
Bewertungsgrundsätze, allgemeine 70 ff.
Bewertungsmethoden-Stetigkeit, Grundsatz der 83 ff.
Bewertungsprinzipien 77 ff.
Bewertungsspielraum (Wahlrechte) 69
Bewertungsvereinfachungsverfahren 75
Bilanz 5
– Gliederungsvorschriften 22 f.
– im engeren Sinne 6
– im weiteren Sinne 6
– „kleinformatige" 18, 24 f.
Bilanzfälschung 95, 97
Bilanzidentität, Grundsatz der 70 f.
Bilanzierungsverbote 56, 59 f., 67
Bilanzierungs-Vorschriften 43
Bilanzierungswahlrechte 56
Bilanzklarheit, Grundsatz der 52 f., 57
Bilanzpolitik 10, 13
– in Anhang und Lagebericht 12
– in der Handelsbilanz 10
– in der Steuerbilanz 11
– Zielkonflikte der 11 ff.
Bilanzrichtlinien-Gesetz 2 f.

Bilanzstichtag 72 ff.
Bilanzstrafrecht (Handelsbilanz) 97 f.
Bilanzverschleierung 94 f.
Bilanzwahrheit, Grundsatz der 55 f.
Brutto-Prinzip 57, 75
Buchführung
- allgemeine handelsrechtliche Vorschriften 47 ff.
- Grundsätze ordnungsmäßiger 43 ff.
Buchführungspflicht, Verletzung der 94, 105
Bußgeldvorschriften des HGB 102 ff.

D

D-Markbilanzgesetz, Sonder-Regelungen 107 ff.
- zur Bewertung und Kapitalausstattung 110 f.
DM-Eröffnungsbilanz
- Aufstellungsfrist 108
- Erstellungspflicht 108
- Feststellungspflicht 109
- Offenlegungspflicht 109
- Prüfungspflicht 109

E

EG-Richtlinien 1 f.
Einnahmen 83
Einzelbewertung, Grundsatz der 75
Erfolgsbilanz 7
- Gliederungsvorschriften 30
Erträge 83
Ertragsteuerbilanz 9
Eventualverbindlichkeiten 67

F

Fälschung von Steuerbilanzen 97
Festbewertung 75
Forschungs- und Entwicklungsbericht 40 f.
freiwillige Angaben im Anhang 34 f.
Fristen, Neutermine des DMBilG r.d.F.v. 15.03.1991 107 ff.
Fristen (für Kapitalgesellschaften)
- Aufbewahrung von Handelsbüchern 53
- Aufstellung des Lageberichts 41
- zur Erstellung des Jahresabschlusses 18 f., 45
- zur Offenlegung des Jahresabschlusses 20

G

„Generalnorm" des § 264 Abs. 2 HGB 16, 34
Gesamtkostenverfahren 30 f.
- Anwendung in der Praxis 33
Gewinn(e) 76 f., 82
Gewinn- und Verlustrechnung 7, 51, 55
- Aufstellung 72
- Gliederungsvorschriften 30 ff.
- verkürzte 18 f.
Gläubigerschutzprinzip 82
Gliederungsvorschriften für die Bilanz
- Abweichungen von der Normalgliederung 23 f.

- für Kapitalgesellschaften 22 f.
- für kleine Kapitalgesellschaften 24 f.
- für Nicht-Kapitalgesellschaften 22

Gliederungsvorschriften für die Gewinn- und Verlustrechnung 30 ff.
- für Kapitalgesellschaften 30
- für Nicht-Kapitalgesellschaften 30

Going-concern-Prinzip 71 f.
- Abweichungen 72

Größenklassen bei Kapitalgesellschaften 16
- Auswirkungen auf Rechnungslegungspflichten 18 ff., 21
- Kriterien 17

Grundsätze ordnungsmäßiger Buchführung 43 ff., 76
- Bedeutung 44
- Geltungsgereich 44
- nicht-kodifizierte 45 f.
- Quellen 44 f.

Grundsatz der Bewertungsmethoden-Stetigkeit 83 ff., 87 ff.
- Durchbrechung 87 ff.

Grundsatz der Bilanzidentität 70 f.
- Abweichung in Ausnahmefällen 70 f.

Grundsatz der Bilanzklarheit 52 f., 57

Grundsatz der Bilanzwahrheit 55 ff.

Grundsatz der Einzelbewertung 72, 75
- Ausnahmefälle 75

Grundsatz der Maßgeblichkeit 91

- Durchbrechung 92
- Umkehrung 49 f.

Gruppenbewertung 75

H

Handelsbilanz 9, 58, 71, 79, 89

Handelsgesetzbuch, Aufbau 3 ff.

handelsrechtliche Buchführungs-/Bilanzierungsvorschriften
- allgemeine Vorschriften 47 ff.
- besondere Regelungen für einzelne Rechtsformen 47

Herstellungskosten 78, 80, 85, 89 ff.

Höchstwertprinzip 74, 78, 80 f.

I

immaterielle Vermögensgegenstände des Anlagevermögens 59 f.

Imparitätsprinzip 78, 81

Inventar 48

Inventur 49
- Methoden (Verfahren) 49 ff.
- Vereinfachungen 50

J

Jahresabschluß 6, 14, 55
- Bestandteile des 15
- Erstellungspflichten 18
- Gliederungsvorschriften 22 f.
- Offenlegungspflichten 19 f.
- Prüfungspflichten 19

131

- Umfang für Kapitalgesellschaften 14 f.
- Umfang für Nicht-Kapitalgesellschaften 14

K

Kapitalgesellschaften 79
- große 17, 20, 41 f.
- kleine 18 f., 32, 35 ff., 41 f.
- mittlere 18 f., 32, 35 ff., 41 f.

L

Lagebericht 8 f., 39 ff.
- Berichtsteile des 40
- Erstellungspflicht 18, 21, 39, 41
- Offenlegungspflicht 19, 21, 39, 42
- Prüfungspflicht 19, 21, 39, 41
- Schutzklausel 41

M

Maßgeblichkeit der Handelsbilanz für die Steuerbilanz 9, 58, 79, 91 ff.

N

Nachtragsbericht als Berichtsbereich im Lagebericht 40
Niederstwertprinzip 74, 78 f.
- gemildertes 79
- strenges 79

O

Offenlegung, Formen der 42

Offenlegungspflicht, Verweigerung 20 f.
Ordnungswidrigkeiten 102 ff.

P

Passivierungswahlrechte für Rückstellungen 65
(Perioden-)Abrenzung 83
permanente Inventur 49
Pflichtangaben im Anhang 34
- für kleine Kapitalgesellschaften 36 ff.
- für mittlere Kapitalgesellschaften 36 ff.
Prinzip der Verlustantizipation 81
Prognosebericht 40
Publizität
- eingeschränkte 42
- große 42
- kleine 42

R

Realisationsprinzip 77 f.
Rechnungsabgrenzungsposten 66 f.
- auf der Aktivseite 66
- auf der Passivseite 66
Rückstellungen 81
- für drohende Verluste aus schwebenden Geschäften 62
- für Kulanzleistungen 64 f.
- für ungewisse Verbindlichkeiten 61
- für unterlassene Abraumbeseitigungen 64
- für unterlassene Instandhaltungen 63
Rumpfgeschäftsjahr 73

S

Stetigkeitsgrundsatz, Interpretation 85 f.
Steuerbilanz 9, 58, 71
Stichprobeninventur 49 f.
Stichtagsinventur, vor- oder nachverlagerte 49 f., 73
Stichtagsprinzip 72
- Durchbrechung 74
Strafvorschriften 97 ff.
- Überschuldung 97 f.
- Zahlungsunfähigkeit 97 f.

T

Tageswertprinzip 74, 78
Teilungsgewinnrealisierung 77 f.
Teilwert 71

U

Umlaufvermögen 79, 89 f.
Umsatzkostenverfahren 30 f.
- Anwendung in der Praxis 33
Umstellung des Wirtschaftsjahres 73 f.

V

Veräußerungswert 78
Verbindlichkeiten, Bewertung 80 f.

Verbindlichkeitenspiegel 28 f.
Verfahren der Sammelbewertung 75
Vergleichbarkeit der Jahresabschlüsse 84
Verletzung der Pflicht der Offenlegung 96
Verluste, unrealisierte 81
Verrechnungsverbot 57, 75
Verstöße gegen Rechnungslegungspflichten 94 ff.
Vollständigkeitsprinzip 55, 67
Vorsichtsprinzip 60, 74, 76 f., 82

W

Wahlpflichtangaben im Anhang 34
Wert 68 f.
Wertansatz 74, 89 f.
wertaufhellende Tatsachen 82
Wert-Aufhellungstheorie 76, 81
wertbeeinflussende Tatsachen 82
Wertobergrenze 89 f.
Wiederbeschaffungswert 78

Z

zusätzliche Angaben im Anhang 34
Zwangsgeld 104 f.
Zweijahres-Inventur 50 f.

DIE BASIS IHRES ERFOLGS

Vertrauen Sie bewährter Fachliteratur

Die Buchreihe *Praxis der Unternehmensführung* liefert Ihnen wichtige Grundlagen und Informationen als soliden Hintergrund.

Als Einführung, zur Orientierung und zum Nachschlagen. Denn auf fundiertes Fachwissen kommt es in Ihrer Unternehmenspraxis tagtäglich an. Jeder Band gibt Ihnen in verständlicher Form Antwort auf betriebswirtschaftliche und rechtliche Kernfragen:

- praxisorientiert
- schnell
- übersichtlich
- mit Fallbeispielen, Checklisten, Adress- und Literaturübersichten

Die ersten zehn Titel

Gottfried Bähr/Wolf F. Fischer-Winkelmann/ Rolf Fraling/ Kurt Hesse/Dirk Scharf
Buchführung – Leitlinien und Organisation
ISBN 3-409-13968-0

Jürgen Bussiek
Buchführung – Technik und Praxis
ISBN 3-409-13978-8

Heinz Dallmer/Helmut Kuhnle/ Jürgen Witt
Einführung in das Marketing
ISBN 3-409-13972-9

Otto D. Dobbeck
Wettbewerb und Recht
ISBN 3-409-13966-4

Wolfgang Hilke
Bilanzieren nach Handels- und Steuerrecht, Teil 1
ISBN 3-409-13980-X

Wolfgang Hilke
Bilanzieren nach Handels- und Steuerrecht, Teil 2
ISBN 3-409-13981-8

Lutz Irgel/Hans Joachim Klein/ Michael Kröner
Handelsrecht und Gesellschaftsformen
ISBN 3-409-13965-6

Sabine Klamroth/ Reinhard Walter
Vertragsrecht
ISBN 3-409-13967-2

Helmut Lang/ Hans-Dieter Torspecken
Kostenrechnung und Kalkulation
ISBN 3-409-13969-9

Hans Joachim Uhle
Unternehmensformen und ihre Besteuerung
ISBN 3-409-13979-6

ca. 100-150 Seiten, Broschur, DM 24,– proEinzeltitel
Änderungen vorbehalten

Weitere wichtige Neuerscheinungen

Heinz Schneider
Das Sozialversicherungsrecht aus der Sicht der Betriebe, Ausgabe Deutschland- Ost
1991, 215 Seiten, DM 29,80
ISBN 3-409-13807-2

Everett T. Suters
Auf Kurs gebracht
1991, 231 Seiten, DM 58,–
ISBN 3-409-18716-2

GABLER

Taunusstraße 54
D-6200 Wiesbaden

MIX
Papier aus verantwortungsvollen Quellen
Paper from responsible sources
FSC® C105338

If you have any concerns about our products,
you can contact us on
ProductSafety@springernature.com

In case Publisher is established outside the EU,
the EU authorized representative is:
**Springer Nature Customer Service Center GmbH
Europaplatz 3, 69115 Heidelberg, Germany**

Printed by Libri Plureos GmbH
in Hamburg, Germany